Gil Lúcio Almeida

O Engraxate que virou PhD

Porto de Idéias Editora

O Engraxate que virou PhD
Gil Lúcio Almeida

Editor
Sebastião Haroldo de Freitas Corrêa Porto

Projeto Gráfico
Feco Porto

Capa
Rodrigo Cavalheiro

Fotos
Ana Vitale

Revisão
Francine Altheman e Silvana Pereira de Oliveira

Dados Internacionais de Catalogação na Publicação (CIP)
(Câmara Brasileira do Livro, SP, Brasil)

Almeida, Gil Lúcio
O engraxate que virou PhD / Gil Lúcio Almeida. --
São Paulo : Porto de Ideias, 2009.
ISBN 978-85-60434-48-0
1. Almeida, Gil Lúcio 2. Homens - Autobiografia
I. Título.

08-12336 CDD-920.71

Índices para catálogo sistemático:
1. Homens : Autobiografia 920.71

EDITORA PORTO DE Ideias LTDA.
Rua Pirapora, 287 – Vila Mariana
São Paulo – SP – 04008.060
(11) 3884-5024
portodeideias@portodeideias.com.br
www.portodeideias.com.br

Dedico esse livro ao meu pai João Galdino Sobrinho, que partiu deixando saudade; à minha mãe Judith Honorata dos Santos; aos meus irmãos Vicente de Paulo Almeida e Pedro Paula Almeida; às minha irmãs Maria de Fátima Almeida Silva, Lília Aparecida Maturana, Juliane Almeida; à minha esposa Nádia Fernanda Marconi; às minhas filhas Gabriela Chiesse Almeida, Bárbara Marconi Almeida e ao meu filho, João Marcos Marconi Almeida.

NOTA

Desde 1993, quando terminei o PhD (doutorado), tive vontade de compartilhar os caminhos que percorri, da infância, marcada por privações e desafios, até a conquista da titulação máxima no sistema educacional norte-americano. No entanto, acreditava que ainda não estava emocionalmente preparado para colocar no papel uma história que envolve não apenas a minha vida, mas também a de pessoas que fizeram parte desta biografia. Apesar de já ter escrito inúmeros artigos científicos e políticos, não me achava amadurecido para escrever um livro de valor literário.

Quatorze anos após terminar o PhD, eu estava ministrando uma palestra para um grupo de universitários quando um deles me perguntou o que achava da declaração de um político que justificou não apresentar diploma universitário por não ter tido oportunidade. Respondi, sem pestanejar, que esse comentário era o maior desserviço que alguém poderia prestar aos cidadãos.

Para ganhar o direito à vida, vencemos quase meio bilhão de outros espermatozóides. Não existe exemplo maior de superação do que o momento mágico em que cada ser humano é concebido. Além da dádiva da vida, ao chegarmos neste mundo ganhamos uma incrível capacidade de aprender. Portanto, não pode existir qualquer desculpa para se manter sem uma educação formal.

Resolvi então compartilhar a minha história, a vida de uma criança que conheceu a migração, a fome, engraxou sapatos, vendeu frango e cabide, estudou e se tornou um PhD. É uma trajetória como a de muitos outros humanos que tiveram a sorte de chegar a esse mundo.

Eu tinha a convicção de que o PhD deveria mostrar ao mundo como os segredos que ele aprendeu com o engraxate, ao longo de sua carreira, podem ser usados para desenvolver o maior patrimônio que ganhamos: nossa capacidade de aprender.

Durante meses, usei todo o meu tempo disponível para escrever as memórias que carrego. Não me preocupei com a precisão dos eventos relatados. Não queria que fosse um livro de história, mas um bate-papo, como faço em minhas conferências. Se os fatos não são totalmente precisos, com certeza relatam momentos reais que vivi e carrego de forma vívida em minhas lembranças.

A maior parte do livro foi escrita no banco traseiro do carro ou nas poltronas de avião, nos intervalos de palestras e outros compromissos. Agradeço ao motorista Airton José Bueno Garbi pelos incansáveis traslados; à jornalista Francine Altheman, que depois das palestras me incentivou a relatar a minha história. Devo a ela também a revisão deste livro. Agradeço à minha ex-esposa, Alba Chiesse Silva, pela dedicação à nossa filha Gabriela Chiesse Almeida; às minhas sobrinhas Vanessa Maturana, Larissa Almeida Silva, Ludmila Almeida Silva, Ingrid Almeida Silva e ao meu sobrinho Alexandre Maturana. Agradeço aos meus tios, tias, primos e primas e, em especial, ao tio Pedro, tio Eurípedes, tia Dionésia, tia Norma e primos Gilson, Gilvane, Girlene, Sílvio, Cassianinho e Luís Carlos.

Finalmente, gostaria de dizer ao tal político que não tenho a menor dúvida de que o país seria ainda melhor se ele tivesse estudado. Se você aplicar na sua vida os segredos do engraxate, certamente será uma pessoa melhor, o que refletirá no seu bairro, na sua cidade, no seu país e no seu planeta, deixando a sua contribuição e o seu legado para o mundo.

O autor

GLÓRIA

Minhas duas irmãs mais velhas estavam me dando banho em uma bacia de cor cinza feita de latão, colocada sobre um banco de madeira pintado de azul. O banco era feito de ripas intercaladas pelo espaço vazio e ficava na cozinha, em uma parede oposta ao fogão a lenha. Uma jarra feita de lata de óleo de cozinha era colocada no fogão para aquecer a água do banho. Estava em pé na bacia, curtindo a água morna jogada na minha cabeça, brincando com as bolhas de sabão que escorregavam pelo meu corpo. Fomos então surpreendidos por um barulho que calou os comentários doces e suaves do tipo "meu bebê", repetidos exaustivamente pelas minhas babás irmãs.

Fátima correu em direção ao barulho e apanhou no chão um embrulho, que estava dentro de uma sacola de plástico. Da porta que ligava a sala à cozinha, meu pai tirou o chapéu branco, sorrindo por ter nos surpreendido com o lançamento do pacote. Ordenou então que minhas babás colocassem em mim um par de botinhas pretas de couro que estavam dentro daquele pequeno maço. Essa é a minha lembrança do primeiro presente que ganhei na vida. Eu tinha cerca de três anos, Fátima, a babá mais velha, sete anos, e Lília, por volta dos cinco anos.

A sala era gigantesca na minha imaginação e lá meus pais, de vez em quando, promoviam bailes ao som de acordeões. Lembro-me de ver várias pernas intercalando-se durante intermináveis danças. Ali também eram celebradas as festas de aniversários, regadas a quitutes, cozidos no forno localizado no quintal, próximo da saída da cozinha. Uma senhora forte e de pele escura era a responsável pela produção dessas delícias. Devo a ela o gosto e a preferência pela caçarola.

A sala dava também passagem para três quartos. Um deles era usado por mim e por mais dois irmãos: Paulo, o primogênito de nossa família, nove anos mais velho do que eu, e Pedro, o segundo a nascer, oito anos antes de mim. No outro quarto ficavam minhas irmãs. Fátima, Lília e Juliane, a caçula da família, dois anos mais nova do que eu. O terceiro quarto era ocupado pelo meu pai João e minha mãe Judith. No meu quarto, gastava incontáveis horas me divertindo, vendo os raios do sol das manhãs invadirem as frestas da janela, revelando a cor avermelhada do sangue de meus dedos.

Da porta de entrada da casa começava a cidade de São João Batista do Glória, verdadeiro paraíso escondido na região sudoeste de Minas Gerais. A uma quadra de casa ficava a rua principal da cidade, que se estende do farto Rio Grande para a Serra da Canastra, de formações rochosas belíssimas. Minas Gerais é um Estado montanhoso do Brasil, não banhado pelo oceano Atlântico. Os mineiros são tão saudosistas e bairristas que criaram o lema "Oh, Minas Gerais, quem te conhece não esquece jamais". Na época em que lá vivi, nenhuma das poucas ruas do Glória, como é chamada carinhosamente pelos nativos, era asfaltada.

A cidade é hoje destino obrigatório de jipeiros e outros amantes de cachoeiras, riachos e piscinas naturais, formados por águas límpidas e refrescantes, que descem em abundância de várias nascentes da serra. Mas, na minha infância, se você quisesse se esconder iria para o Glória. O clima da cidade é subtropical, com temperaturas variando entre 17°C e 25°C. No verão, as chuvas eram torrenciais e sempre deixavam um cheiro doce de terra molhada no ar, formando lindos arco-íris na serra. Da janela da cozinha, podíamos apreciar todo aquele espetáculo. Eu subia no rabo do fogão a lenha para ver, através da janela, as cores desenhadas no céu. Não era incomum o sol com chuva que diziam anunciar o casamento da viúva.

A casa era a sede de uma linda chácara, cortada ao fundo por dois pequenos córregos, entre os quais existia um brejo recoberto de capim fino e alto. As chuvas produziam uma enchente nos córregos, inundando o brejo. Ao findar, a enxurrada deixava inúmeros peixes nas armadilhas naturais. Depois das chuvas de verão, seguidas de sol firme, íamos até o brejo pegar lambaris, mandis e bagres que ficavam presos nos capins. Não vou dizer o tamanho dos peixes que pegávamos com as mãos porque podem me acusar de estar contando história de pescador. Mas, eram peixes maiores do que o tamanho da mão de criança.

Na chácara, havia vários animais: porcos, galinhas, vacas e cavalos. Para as galinhas dormirem, meu pai fez um poleiro. De um tronco de uma árvore saíam vários caibros dispostos simetricamente, formando uma escada circular, com um bonito desenho que mais lembrava uma obra de arte. Ao cair da noite, o poleiro ficava repleto de galinhas, completando o feito de meu pai.

O silêncio das madrugadas era interrompido pelo cantar das seriemas, dos pássaros e dos galos, anunciando os primeiros raios do sol. O dia na chácara era abundante em vidas. Certa vez meu pai pintou a casa de um branco infinito, transformando a parede dos fundos em uma verdadeira arma de matar pássaros. Os coitados vinham voando da serra para a casa e eram enganados pelo branco, arremessando-se em golpes fatais contra a parede. Não entendia como os pássaros não conseguiam distinguir o branco feito pelo homem, do céu límpido feito pela natureza. Felizmente a matança durou pouco tempo, quando a cor da parede foi mudada para azul.

Durante o dia, a chácara parecia mesmo uma sinfonia de cantos de pássaros. Eu gostava em especial do canto do canário-da-terra, do sabiá e do pássaro-preto. Um dia tentei apanhar umas rolinhas. Peguei a bacia onde minhas irmãs me davam banho, coloquei-a em pé sobre um pedaço de pau, formando uma arapuca. No pedaço de pau amarrei um longo cordão e coloquei muitos grãos de milho embaixo da bacia e em suas redondezas. Fiquei ao longe, observando a aproximação das rolinhas e esperando o momento certo de dar o bote, puxando com determinação a outra ponta do cordão. No entanto, fiquei frustrado ao ver que os pássaros tinham comido todos os grãos em volta da bacia, mas não tocaram o bico em nenhum que estava embaixo da mesma. Aquele recipiente que me dava tanto prazer durante o banho devia ser muito assustador para as rolinhas, ou, quem sabe, elas eram mais inteligentes que uma criança de quatro anos.

O DOMÍNIO DO MEDO

Mas nem tudo no Glória era glória. Numa manhã, um homem estava estacionado com sua bicicleta na porta de casa, falando com minha mãe. A bicicleta era toda enfeitada, do selim à buzina. Do guidom e dos freios desciam vários courinhos enrolados. Fiquei um bom tempo contemplando aquela bela máquina. Então olhei para o chão e vi algo preto, imóvel, que parecia os courinhos que enfeitavam a bicicleta. Não hesitei em pegá-lo e, em um gesto brusco, levei-o até a minha mãe, dizendo "veja, caiu da bicicleta". Quando terminei a frase uma profunda dor cortava a minha mão. Naquele momento conheci a dor de uma queimadura de taturana preta. Foi a minha primeira lição de vida. Aprendi, na dor, o dito popular brasileiro, que afirma "as aparências enganam". Minha mãe me levou em uma benzedeira na vizinhança. A dor parecia não ter fim. Aquele episódio de alguns segundos iria marcar a minha vida para sempre. Apesar da pouca idade, nunca mais agi sob o efeito do primeiro impulso.

O caso da taturana também mudou as minhas noites nos próximos anos. Meu pai não admitia, em nenhuma hipótese, que dormíssemos com a luz do quarto acesa. Ao apagá-la, começava a ver, na parede de meu quarto, verdadeiros filmes de terror. Eram projetados ao longo de toda a parede, a uma distância de um metro do teto. De nada adiantava mudar o foco dos olhos para outra parede, porque os personagens saltavam, acompanhando os movimentos dos olhos. Tampouco adiantava fechá-los, porque as imagens eram, então, projetadas dentro deles. Anos mais tarde, descobri que, naquela época, os militares iniciavam uma história de horror no Brasil comparável, em alguns momentos, aos filmes de terror que brotavam de minha imaginação. A ditadura militar tomou o poder em 1964 e meus filmes iniciaram por volta de 1965.

A imaginação e riqueza de meus filmes não tinham limites. Os personagens e as histórias se multiplicavam em formas e enredos. Nunca soube de onde conseguia tanta imaginação. O único filme real que me lembro de ter visto até aquela idade foi uma projeção que um padre fez no cinema da cidade, mostrando uma viagem dele à Itália. Era algo monótono, que não consegui assistir até o final. Pode a dor da queimadura de uma taturana desencadear tamanha criatividade?

Mesmo quando conseguia pegar no sono, os meus medos não paravam de povoar a minha mente. Não foram raras as noites que acordei completamente enrolado e imobilizado nos lençóis e cobertores. Sonhava que à medida que meus filmes iam se desenrolando, lentamente um monstro me envolvia em um couro preto. Daria tudo para me livrar daqueles sonhos e do pesadelo de ser tratado de forma tão cruel. Hoje sei que poderia ficar muito rico se conseguisse transpor para as telas as histórias que me atemorizaram por anos.

Você deve estar se perguntando: por que uma criança de cinco anos não buscou ajuda e consolo em seus pais para aplacar o seu medo? Para responder essa pergunta, preciso apresentar-lhe meu pai. João Galdino Sobrinho, o quinto filho de trinta irmãos.

Onze filhos nasceram de sua mãe, vovó Nicácia Maria de Jesus, que morreu quando ele ainda era menino. Seu pai, vovô Manuel Galdino de Almeida, casou-se pela segunda vez com a vovó Mariinha, com quem teve mais dezenove filhos. Desde cedo soube que não poderia, sob nenhuma condição, contradizer ou afrontar a autoridade paterna. Papai era aquele tipo de homem que se impõe com um simples olhar. Ele respondia aos nossos pedidos e desejos com um movimento das sobrancelhas. Se arregalava os olhos elevando as sobrancelhas em direção à testa, sabíamos que era aprovação. Porém, se os miúdos olhos ficavam ainda menores, abaixando as sobrancelhas, sabíamos que a resposta era não, sem direito a recurso.

Papai era o tipo de homem que batia nos filhos por poucos motivos aceitos na sociedade moderna. Usava até a lâmina de um facão para castigar qualquer desvio ou erro cometido pelos filhos. Sua fama de bravo se alastrava na família. Mas não prejulgue o meu pai sem conhecer outras facetas desse homem que aprendi a amar desde pequeno. Apesar dos excessos, intuitivamente sabia que ele agia para nos proteger e nos manter no caminho do bem. Se quisesse me deixar chateado, era só emitir um comentário negativo a respeito dele. Para fugir dos meus medos, eu poderia ter corrido para o quarto de meus pais ou para a cama de meus irmãos ou, ainda, mantido a luz acesa. Porém, nenhuma dessas opções seria aceita no código de valores de meu pai. Assim, tive que aprender a enfrentar os meus medos desde muito cedo.

Durante mais de um ano fui atormentado pelos meus monstros, que teimavam em me assustar. No entanto, por volta dos seis anos entendi como lidar com eles. Aos poucos, passei a ter controle sobre o enredo e movimentos desses filmes. A partir daí, consegui que eles agissem como monstros humanizados, capazes de fazer boas ações. Os pesadelos em que eu era enrolado em um couro preto ficaram mais raros, mesmo assim duraram até meus oito anos. Aprendi, mesmo que de forma traumática, a segunda lição de minha vida: precisava controlar meus medos e não deixar que meus monstros dominassem a minha vida. Mesmo eles poderiam ser humanizados e controlados.

Assim, a lição da queimadura da taturana, um episódio violento em minha infância, foi transformada em uma história de aprendizado e vitória. Sim, não devia agir sob impulso. Precisava analisar toda a situação antes de tomar uma decisão. Não deveria agir sem considerar as circunstâncias, além de sua aparência. A camuflagem usada pela lagarta, provavelmente para se esconder dos movimentos da roda da bicicleta, não impediu que ela, quando supostamente atacada por uma garra de uma mão infantil, usasse sua arma para se defender. Criança, eu ainda não tinha a percepção desenvolvida o suficiente para diferenciar uma taturana parada de uma em movimento. Era como os pássaros, que se lançavam ingenuamente contra a parede de minha casa, pensando estarem cruzando um céu de brigadeiro.

Hoje sei que navegamos no mundo usando nossos cinco sentidos (visão, tato, audição, olfato e paladar), os quais se desenvolvem à medida que somos expostos a novas experiências. Todos esses sentidos são governados por regras muito simples. Por exemplo, a frequência de um som movimenta três pequenos ossos no ouvido interno. Esse movimento despolariza um receptor gerando um impulso nervoso. O sinal, então, navega até centros cerebrais específicos, onde serão interpretados como um certo tipo de som. É com o desenvolvimento desse engenhoso sistema de navegação que aprendemos a distinguir as camuflagens da vida. Somente na idade adulta iria aprender a diferenciar as várias camuflagens usadas pelo ser humano, as quais variam de situação para situação. O interessante é que, para desenvolvermos esses cinco sentidos, precisamos ser expostos a diversas situações e agir. É através da tentativa de acerto e erro que vamos aos poucos aprendendo a discernir a realidade da imagem.

Ao enfrentar e domar os meus monstros, compreendi que poderia ser maior do que os meus medos. Os sábios dizem que o grande direito de um ser humano é o de não ter medo. Acrescentaria que uma das maiores conquistas do ser humano é aprender a controlar seus medos. Quando vi que poderia controlar os meus monstros, colocando-os para atuar de acordo com a minha vontade, entendi que jamais me submeteria ao poder paralisante do medo. Valia tudo na vida, menos ter medo do medo. Não é por outra razão que o provérbio espanhol afirma que "viver com medo é viver pela metade".

E lá fui eu colocar em prática a dura aprendizagem de meus sonhos e pesadelos de criança. Meu pai não aceitava que mascássemos chicletes. Meu avô paterno, talvez para desafiar a rígida autoridade de seu filho, deu para minhas irmãs umas três gomas de mascar. Elas, no entanto, não ousaram consumir o presente do avô, sem antes pedir consentimento ao papai. Quando chegou o começo da noite, elas esperaram que ele terminasse o jantar para contar a história do presente que ganharam e pedir autorização para dar início ao tão sonhado momento de prazer oral. Aquele homem reagiu de forma violenta, dizendo que, se minhas irmãs ousassem colocar chiclete na boca, ele iria esfregá-lo na merda de galinha e fazê-las mascá-lo durante uma hora.

Estávamos sentados à mesa. Levantei-me e, em um ato de valentia, coloquei as mãos na cintura, fitei a fera e disse "Ah é, bebé, que causo pançudo, cabe até nóis tudo". Meu pai se levantou imediatamente, tirou a cinta e começou a correr atrás de mim, em volta da mesa. Correndo, repeti a frase inúmeras vezes, como se a fera tivesse aceitado jogar o meu jogo à medida que tentava me pegar. Minhas irmãs não acreditavam na cena que estavam vendo. Pela primeira vez alguém estava desafiando a sua autoridade dentro de casa. Apanhei com gosto e percebi que algo dentro de mim era maior do que os meus medos. Minhas irmãs tentaram me consolar, mas na verdade havia me tornado um pequeno herói para elas.

Naquela noite custei a pegar no sono, reconstruindo cada passo do primeiro enfrentamento que tive com o meu pai. Fui para a cama com a certeza de que não havia ganhado nada com a minha atitude, a não ser a admiração de minhas irmãs. O fato é que as três gomas de mascar foram destruídas e iríamos continuar muito tempo sem saboreá-las. Para papai, mascar chicletes deixava os dentes podres. Mas, se ele tivesse razão, por que todas as crianças que via na rua estavam sempre mascando-os com boca de prazer? Compreendi então que na vida os enfrentamentos só valem a pena se derem resultados, se forem para obter algo que desejamos.

A valentia, quando colocada em prática apenas para desafiar uma autoridade, é inócua e deveria ser evitada. Obedecer, nesse caso, não significava necessariamente ter medo. Assim, aprendi a diferença entre ser obediente à autoridade paterna e ter medo. Se meu pai acreditava que mascar goma iria destruir nossos dentes é porque pensava que seria bom ter dentes bonitos e saudáveis.

No dia seguinte, resolvi tentar outra estratégia para enfrentar a autoridade. Gostava de ficar no rabo do fogão a lenha espiando o horizonte verde da chácara, principalmente quando tinha um arco-íris no céu. Minha mãe não gostava desse comportamento. Ela temia que eu perdesse o equilíbrio, caísse e me queimasse nas brasas ou no ferro quente da cobertura do fogão. Tinha razão em suas preocupações, mas eu era cauteloso e a visão do arco-íris valia o risco do perigo. Ao ser pego desobedecendo a sua regra, deixei-a furiosa. Ela pegou o chinelo e saiu correndo atrás de mim. Só corri mais no dia em que uma cobra me perseguiu, quando pescava no córrego. Disparei em direção ao quintal, peguei uma varinha de bambu e esperei uns dez minutos para que a raiva de minha mãe acalmasse. Retornei para a cozinha, onde ela estava, entreguei a varinha e disse que merecia apanhar, porque estava errado em desobedecer a sua ordem. Minha mãe me abraçou e não teve coragem de me bater. Discutimos os motivos que me levavam à janela e chegamos à conclusão de que poderia ter a mesma vista dos arco-íris se saísse no quintal.

Aprendi, assim, a enfrentar os meus erros e que a humildade é o melhor remédio nesses casos. Se minhas irmãs tivessem entregado ao meu pai os três chicletes e dito algo do tipo "está aqui papai, o vô nos deu, mas sabemos que o senhor não aprova", talvez a reação dele tivesse sido outra. Quem sabe a estratégia do diálogo e da tentativa de conciliação não teria comovido o irredutível coração de meu pai? Quem sabe, com essa abordagem, ele não teria nos deixado mascar as gomas só aquela vez? De qualquer forma, teríamos evitado o confronto e o desgaste desnecessário.

Se com minha mãe era possível ter diálogo, com o meu pai era imprevisível. Meu primo Sílvio, que amava tanto a nossa chácara quanto eu, estava passando férias escolares em casa. Gostava da presença dele ali, porque ele era sempre muito divertido e espirituoso. Havia um circo de tourada na cidade e meu pai sempre oferecia bois bravos para a montaria. Uma noite, fomos até lá e nos divertimos vendo os peões montarem e enganarem os bois com as suas capas. Mas muitos animais não deixavam por menos e se vingavam, jogando o peão no chão. Na caminhada de volta para a casa, papai contou a história de seu irmão mais novo, meu tio Oswaldo, que perdera um olho em um chifre pontiagudo de uma novilha, na montaria feita na fazenda de meu avô. Entre o perigo e o sucesso estava a glória do peão em domar o animal. Era esse instinto de dominação que aflorava na arena daquele circo. Para meu pai, aquele era o maior espetáculo inventado pelo homem.

Na manhã seguinte, meu primo e eu resolvemos brincar de peões e lá fomos nós para o curral dominar uma bezerra, já querendo virar novilha. Meu primo, dois anos mais velho do que eu, tinha mais destreza para enfrentar o animal. Porém, eu não aceitava ficar atrás dele. Ia imitando os seus movimentos e gestos no dorso daquele filhote de vaca. Não contente, resolvi inovar e tudo que lembro é que fui parar no chão sobre o meu braço esquerdo. Tinha levado um coice da novilha no pulso. A dor era contínua e aguda. A princípio não queria dar o braço a torcer e insisti em uma nova tentativa. Mas, era insuportável e desisti daquela brincadeira.

Além da dor, comecei a sentir ondas de frio e fui parar no rabo do fogão a lenha procurando me aquecer. Fiquei entre a minha cama e o rabo do fogão durante todo o dia seguinte. No segundo dia, minha mãe insistiu para que eu dissesse o que estava sentindo, mas continuei calado. Dizia apenas que estava com uma pequena indisposição. Não sei se sentia mais vergonha de ter caído da bezerra ou medo da reação de meu pai ou de ambos. Ali percebi que não lidava muito bem com o fracasso. A vergonha de ser zombado pela queda de uma bezerra era maior do que a dor de ter um osso do braço quebrado. Por outro lado, a punição da cinta ou da lâmina do facão de meu pai poderia ser ainda maior do que a tortura de uma pequena fratura. Coube a meu primo revelar a verdade sobre a minha agonia. Então minha mãe me levou ao hospital da cidade vizinha e voltei com a mão, o punho e o antebraço todo engessado. Para minha surpresa, a reação de meu pai foi a melhor possível. Ele estava orgulhoso com a coragem de seu filho homem caçula. No mundo dele, um homem podia até falhar, mas devia tentar a qualquer preço controlar os impulsos de um animal.

Para me consolar, ele contou a sua história com um boi manhoso. Papai tinha o melhor carro de boi da cidadezinha. Para ele, dirigi-lo era como se estivesse hoje em um automóvel possante. Ele fazia questão de cuidar de todos os detalhes. Até as cangas que colocam nos pescoços dos animais, era ele que fazia. O canto da roda ecoava por onde passava. Era o som do eixo de madeira deslizando no rolamento, também de madeira, engraxado a sebo. Um dia ele teve que substituir um dos bois. Ao passar em um lugar de terra fofa, o carro ficou atolado. Para tirar o carro do atoleiro era preciso um esforço extra de cada um dos oito bois. No entanto, um deles se machucara no dia anterior e fora substituído pelo manhoso. Ao sentir o carro preso no atolamento, o boi manhoso simplesmente deitou e agiu como se o problema não fosse com ele. Meu pai pegou o rabo do animal e tacou-lhe uma mordida. O boi se levantou abruptamente levando consigo dois dentes de meu pai. Para aquele homem, a coragem e a bravura era um traço importante da personalidade. De vilão me vi alçado à condição de valentão, mas, no fundo, continuava sentindo o sabor amargo da derrota para aquela bezerra.

A reação favorável de meu pai a uma situação de perigo me fez testar os limites da autoridade de minha mãe. Meu avô materno, um plantador de café, era um homem de visão para o seu tempo. Ele trazia professores para educar seus oito filhos, cinco mulheres e três homens. Mesmo assim, sua família desenvolveu várias crenças, que foram abraçadas com rigor pela minha mãe. A ciência mostra que algumas dessas crendices não fazem sentido, enquanto outras resistem ao tempo. Uma dessas crenças de minha mãe era não admitir que bebêssemos leite e comêssemos manga ao mesmo tempo. Não sei de onde apareceu aquela linda bacia de mangas espadas cor de ouro, mas não pude resistir à primeira mordida. Minha mãe vendo a cena ficou furiosa, já que eu acabara de tomar uma caneca de leite tirado da vaca Espanha. Como castigo, ela me obrigou a chupar toda a bacia. Devia haver trinta mangas naquele recipiente de metal. Coloquei a bacia em um canto da sala e tomei conhecimento do que é a gula. Chupei com gosto cada uma. Não preciso dizer que tive uma dor de barriga, a qual minha mãe atribuiu à mistura de leite com a fruta. Provavelmente, a dor foi devido à quantidade ingerida. Esse episódio mudou meus hábitos alimentares, mas nunca mais comi com gula e não deixei de gostar de mangas.

Durante os meus pesadelos, desenvolvi o hábito de chupar o dedo polegar direito. Chupei tanto que ainda hoje existe a marca da sucção quando se comparam os dois polegares. O direito ficou ligeiramente mais fino. Felizmente, não desenvolvi o palato em ogiva (o céu da boca fica muito elevado) e muito menos fiquei dentuço. Para meu pai aquele comportamento era a morte. Sempre apanhava quando ele me pegava chupando o dedo. Ouvi todos os tipos de insultos que uma criança pode suportar. O fato era que minha boca se tornou inseparável de meu dedo. Papai tentou todas as técnicas imagináveis para que eu desistisse daquele péssimo hábito. Enrolar esparadrapo, pano... nada funcionava. Uma vez, ele radicalizou e enfaixou o meu dedo com um tecido embebido em pimenta cumari, muito ardida. Levantei-me no meio da noite, tirei a faixa e, como de costume, chupei-o. Um belo dia, estava assistindo à missa de domingo com minha mãe, quando me dei conta que estava chupando gostosamente o meu polegar. Na saída da missa, a menina mais bonita do local se aproximou da mãe dela e disse, apontando o dedo indicador para mim, como quem acusa um delinquente: "Veja, mamãe, que coisa mais feia aquele menino já crescido chupando o dedo". Aquela menina conseguiu, com um simples comentário, o que meu pai havia falhado durante meses. Nunca mais chupei o dedo polegar.

Hoje os estudos científicos explicam o que poderia ter acontecido comigo naquele momento. Crianças e adolescentes de mesma faixa etária podem ter uma influência maior na formação da personalidade do que os ensinamentos dos próprios pais. Até os seis anos, não me lembro de ter convivido com outras crianças de minha idade, a não ser minha irmã mais nova e as duas mais velhas. Às vezes, algumas primas de minha faixa etária apareciam em casa, mas esses eram momentos esporádicos. Assim, penso que a influência daquela menina loira e bonita, que vi uma única vez na minha vida, deve ter a ver com algo mais do que a convivência social. Durante a missa, paquerei e desejei várias vezes aquele rosto de traços finos e retangulares e olhos azuis. Mas para ela eu era a "coisa mais feia". A partir daquele momento não poderia mais ignorar meus comportamentos e aparência se quisesse ter uma aceitação social. Tratei logo de abandonar o hábito de chupar o dedo e cuidei mais da forma com que penteava os cabelos.

Voltei vários domingos à igreja, mas nunca mais vi aquele rosto que me ensinou a me preocupar com a maneira como as outras pessoas me veem.

O ATAQUE IMPIEDOSO

Depois de uma dessas missas de domingo aprendi o que é relativizar o sofrimento. Meu pai sempre procurou algo novo para fazer dinheiro. Ele colocou várias caixas com abelha na chácara. Na sua cabeça elas produziriam muito mel, que ele venderia no mercado local. Quando chegamos da igreja, estava a família reunida, menos papai e meu irmão mais velho, que estudava em um seminário em outra cidade. Abrimos as janelas da casa e, de repente, a normalidade daquela bucólica chácara foi quebrada de forma brutal. Todas as formas viventes foram impiedosamente atacadas pelas abelhas. Os sons emitidos pelas vacas, cavalos, galinhas, cachorros eram os mais tristes que jamais ouvira. Aquilo cortava a alma, mesmo do mais insensível humano.

A nossa primeira atitude, guiada pela minha mãe, foi nos proteger. Como quem age por instinto, fechamos, ao mesmo tempo, todas as janelas e portas. Mas as abelhas começavam a se infiltrar pelo telhado e pelos buracos das janelas. Minha mãe pegou as vassouras, enrolou-as com lençóis e ateou fogo, apagando-o em seguida para gerar fumaça. As fôrmas de assar bolo também foram usadas no combate, se transformando em fontes geradoras de fumaça. Cada um atacava em uma frente. O gesto foi seguido pelos cinco filhos. Até Juliane, minha irmã dois anos mais nova do que eu, lutou naquela guerra. Em pouco tempo, reconquistamos o nosso território e a casa poderia ser proclamada livre das invasoras. Se uma pessoa observasse os nossos movimentos, pensaria que nos preparamos para aquela guerra durante anos. No entanto, Pedro, irmão mais velho no local, não deveria ter mais do que quatorze anos naquela época.

Lembro-me da atitude destemida de minha mãe, cobrindo a cabeça com um lençol branco e disparando em direção ao curral e ao chiqueiro, onde estavam presos alguns animais. Assim que ela saiu na porta da cozinha pude ver que todo o lençol havia sido coberto de preto pelos insetos. Naquele domingo ensolarado e bonito, mamãe foi a heroína. Os cavalos e vacas que conseguiram sair, partiram para a rua em disparada.

Mais tarde ficamos sabendo que um enxame de abelhas africanas havia atacado, de forma orquestrada e violenta, as abelhas de meu pai. Ao término do ataque, a chácara parecia um campo de guerra, depois da passagem do antigo e temido exército romano, com suas espadas de cabo curto e afiadas. A morte se espalhou por todos os cantos. Não sobrou nenhuma galinha. Um domingo antes do ataque, uma linda porca avermelhada, de mais de um metro de comprimento, deu à luz sete lindos porquinhos. Papai deu um leitão para cada filho e um para mamãe. Durante toda a semana, fiz mil planos para a minha leitoa. Iria tratá-la, ela se tornaria uma porca, teria sete leitões que, crescidos, eu trocaria por uma vaca, que daria cria... no fim, seria proprietário de muitos porcos. Lá estava a porca, com seus sete filhotes estendidos no chão. Não sobrou nenhum porco vivo no chiqueiro. Todos os meus sonhos, os de meu pai, de minha mãe e de meus irmãos morreram naquela manhã.

O momento era de contar os mortos e de dar lugar à coragem e à bravura. A esperança era maior do que qualquer desastre. Quando as abelhas abandonaram a nossa chácara, minha mãe improvisou outros fogões a lenha e começamos a fazer sabão dos restos mortais dos porcos. Os animais que não puderam ser utilizados foram enterrados. À noite, os grilos e sapos cantaram como se nada tivesse ocorrido. Alguns dirão que fomos salvos por proteção divina. Não tenho dúvida de que a força superior sempre esteve ao nosso lado. Mas a disciplina, aplicação e respeito às ordens impostas pelo meu pai podem ter nos feito guerreiros vigilantes e de rápida reação frente a adversidades como aquela. Sim, poderia existir uma lógica na dura educação imposta por aquele homem. Estávamos sendo treinados para sermos guerreiros e preparados para enfrentar a fúria da natureza e de seus seres. No dia seguinte, acordamos com a determinação de reconstruir tudo.

Quando meu pai tomou conhecimento, ficou devastado com a destruição daquilo que ele tinha ajudado a construir durante muito tempo. Acho que devia estar, na verdade, sentindo um misto de alegria e dor. No fundo, estava feliz com a vida de seus filhos e de sua mulher e reconfortado com a bravura de suas crias. Por outro lado, deve ter gritado aos céus, se perguntando por que o seu recanto encantado havia sido atacado de forma tão covarde.

Existe uma idade em que as crianças têm mais prazer em demolir os castelos de areia, feitos pelos colegas, do que dedicar tempo a erigir a sua própria construção. Aceitamos esse comportamento, na crença de que as crianças pensam que, ao fazer isso, estão apenas se divertindo e testando suas forças. Porém, a destruição que as abelhas impuseram à nossa família era imperdoável. Qualquer um que visse aquela cena de devastação pediria a morte instantânea de todas as abelhas africanas. Com que propósito aqueles insetos, munidos de uma grande capacidade de ataque pelo ar, matariam de forma tão indiscriminada? Os biólogos certamente terão teses interessantes para explicar esse fenômeno do ponto de vista da sobrevivência da espécie. Nós, que fomos atacados, não aceitamos facilmente as explicações nesses casos, quaisquer que sejam elas.

É com esse espírito de justiça e vingança que, nesses casos, somos impelidos a usar a regra do velho testamento "olho por olho, dente por dente". Não apenas afugentá-las, mas matar todas as abelhas africanas era o nosso desejo e nossa frustração. Tivemos que nos contentar com o fato de saber que o tempo de vida das assassinas seria pequeno comparado ao nosso. A própria biologia se encarregaria de dar fim àquelas homicidas, muito antes do que qualquer julgamento justo e célere feito pelos tribunais dos humanos.

Mais tarde fui entender que meu pai talvez não tenha lidado bem com aquela injustiça. Ele cometeu o grande erro de um arrimo de família: apostou em uma negociação o seu próprio lar. Soube, a custo de muitas lágrimas, que uma família nunca pode abrir mão de sua casa. Ela é, para a família, o que o ninho é para um pássaro ou uma toca para um animal. Precisamos protegê-la a qualquer custo. Não há ditado mais sábio do que aquele que afirma "não existe nada melhor do que o próprio lar".

Alguns espertalhões do mercado afirmam que imóvel, no geral, é um péssimo investimento. O dinheiro aplicado no mercado aberto (compra de ações de uma empresa) rendeu dezenas de vezes nos últimos trinta anos, enquanto os imóveis apenas dobraram de preço. Porém, os analistas sérios aconselham a investir primeiro em um lar para só depois se aventurar no mercado financeiro. Com a segurança da família não se brinca.

Como os pássaros, podemos construir um ninho do tamanho das necessidades da ninhada. Uma casa muito espaçosa pode significar gastos extras com impostos e manutenção. Desse ponto de vista, a chácara era muito maior do que nossas necessidades. Mas de lá tirávamos o leite, os ovos, as carnes, as verduras, o arroz, o feijão, o milho, as frutas e até os peixes necessários para sustentar uma família de oito pessoas e algumas visitas costumeiras. Era quase uma minifábrica. Apesar de termos energia elétrica em casa, toda a produção era feita com a força dos músculos da família. Na verdade, era uma chácara que possibilitava até a venda de alguns excessos para comprar outras necessidades como remédios, roupas e sapatos, além de pagar o custo de energia e os impostos.

Na chácara havia bananas de várias espécies e uma boa plantação de abacaxi. Em especial, gostava de desfrutar do sabor adocicado da banana-ouro. Acho que é a menor banana que existe no planeta Terra. A minha travessura era cortar um cacho da fruta, enrolá-lo em folhas secas e escondê-lo entre pés de bananeiras. Quando dava fome, ou mesmo uma vontade de desfrutar aquele sabor, corria no esconderijo secreto e comia logo umas quatro. Com essa qualidade de vida, éramos uma família abastada para os padrões do Glória.

Abrir mão daquela situação de conforto seria muita falta de juízo ou sério erro de planejamento. Meu pai cometeu um erro e um acerto. Ele não gostava da área de conforto e não se contentava com aquela situação de equilíbrio eterno e isso é uma virtude dos homens. O ataque das abelhas africanas foi o motivo que ele procurava para fazer uma mudança de vida. Naquela época, papai devia ter 45 anos. Os estudiosos do desenvolvimento humano diriam que, nessa fase, o homem procura novos rumos na vida. Na verdade, meu pai sempre foi o que hoje é denominado de empreendedor. Sua coragem, vontade de ir além, determinação para o trabalho e história de sucesso eram conhecidos de todos no Glória. Quando casou, já tinha construído a casa mais bonita do centro da cidade e feito em sua marcenaria os móveis. Como era rápido em tudo e estava em todos os lugares, ganhou o apelido de Grilo. Chamar João Galdino Sobrinho de João Grilo era para ele a morte. A verdade é que para um menino de uma família de trinta filhos, criado sem mãe, conseguir tudo aquilo naquele ambiente sem muitos recursos, era mesmo uma façanha.

O seu sucesso, em idade ainda jovem para os padrões locais, talvez tenha dado um excesso de confiança ao meu pai. Um homem com convicção em demasia é um forte candidato a cometer sérios erros de avaliação e pode agir de forma impulsiva e sem planejamento. Esse deve ter sido o erro de meu pai. O excesso de confiança pode tê-lo lançado em uma empreitada sem volta.

Papai decidiu procurar novos rumos na cidade grande. Arrumou as malas e foi para São Paulo, uma das maiores cidades do mundo. Iria ficar de dois a três dias, mas passou quase dez. Minha mãe e meus irmãos já estavam desesperados com a falta de qualquer informação sobre o paradeiro dele. Estávamos todos, os seis filhos e mamãe, na sala discutindo o que teria acontecido com ele. Foi então que meu irmão Pedro fez a pergunta que estava na garganta de todos: "O que vamos fazer sem o papai? Como vamos viver?" Lembrei-me de nossa batalha contra as abelhas e tratei logo de convencer a todos que a resposta era muito simples: trabalho em equipe. Comecei relembrando a forma como agimos em grupo no contra-ataque às abelhas. Disse que poderíamos criar galinhas, porcos, vacas e cultivarmos bananas. Não sabia que na pergunta de meu irmão estava a questão de ter que lidar com a dor da perda de um pai, se esse fosse o caso. De qualquer forma, ali nascia o meu primeiro projeto estratégico. Acharam tanta graça dos detalhes de minhas propostas que esqueceram por algum tempo a preocupação com a ausência de nosso pai.

Eu estava tão determinado a agir para mudar aquela situação de espera, que fui ao quintal, arranquei cerca de dois quilos de inhame e rumei em direção à casa do escriturário da cidade, Doutor Falu, considerado um dos homens mais cultos do Glória. Ouvira alguém dizer que ele gostava de uma sopa feita com aquelas raízes. Bati à porta da casa daquele homem, demasiadamente grande para a minha altura. Em poucos segundos apareceu o Doutor Falu, de largo sorriso, mostrando dentes tão grandes quanto o seu tamanho. Ofereci a ele os inhames. Antes de me pagar, o homem retornou para dentro de sua casa, aparecendo logo em seguida com uma balança, daquelas usadas pelos vendedores de peixe. O Doutor Falu conferiu o peso das raízes e só depois me pagou o valor devido. Foi o meu batismo no mundo das vendas. Aprendi que, para vender, é preciso ter um produto e saber identificar a pessoa que necessite do mesmo ou que deseje consumi-lo e, o principal, que tenha condições para comprá-lo. Era necessário também agir e realizar o ato de comercializar. Voltei para casa, dei o dinheiro à minha mãe e disse que, enquanto esperávamos pelo papai, poderíamos fazer muitas coisas.

No primeiro sábado sem a presença de papai em casa, fui para a casa de meu padrinho de batismo, senhor João Afonso, e de sua esposa, madrinha Ana. Sua casa também se descortinava para uma bela chácara, do outro lado da cidadezinha. Era dia de colher feijão. Pedi para ajudá-lo na colheita. Trabalhamos com afinco durante todo o sábado. Lembro-me de ter colhido muito feijão naquele dia. De volta para a casa, tomamos um bom café com os quitutes que a madrinha havia assado no forno a lenha. Porém, o que eu queria mesmo era ser recompensado financeiramente pelo trabalho realizado. Tinha um plano para aquela recompensa. No entanto, o meu padrinho não manifestou nenhuma intenção de me fazer qualquer pagamento, apesar de ter pagado todos os outros homens que trabalharam ali. Na verdade não me lembro de ter ganhado qualquer presente de meus padrinhos. Deviam ser do tipo que chamam "pão-duro". Voltei para casa, triste e inconformado com a falta de sensibilidade do casal que meus pais escolheram para me batizar.

No domingo acordei cedo e fui acertar as contas com meu padrinho. Chegando lá, a madrinha, como sempre fazia, me recebeu com muita alegria e serviu os deliciosos quitutes. Perguntei pelo padrinho e soube que ele estava no chiqueiro cuidando dos porcos. Levantei-me da mesa e me dirigi ao chiqueiro. Chegando lá, fui direto ao assunto: "Padrinho, ontem te ajudei a colher feijão e o senhor pagou a todos, menos a mim. Hoje eu vim receber o meu dinheiro". Ele olhou para mim, meio desconcertado, e perguntou quanto é que ele me devia. Aproveitei então para revelar a ele o meu plano. Estava juntando dinheiro para comprar uma leitoa. Iria tratá-la para que ela se tornasse uma porca grande e tivesse sete leitões. Depois iria vender os porcos e comprar uma bezerra que iria se transformar em uma vaca e me dar um bom rebanho. Imediatamente, o meu padrinho pegou no chiqueiro uma leitoa e me perguntou se eu aceitava aquele animal como pagamento pela colheita de feijão. Não sabia como agradecer a recompensa. Peguei a leitoa e saí com pressa em direção à minha casa. Chegando lá, contei a história para minha mãe e como tinha conseguido a leitoa. Ela ficou morrendo de vergonha de meu atrevimento em ir cobrar o meu padrinho, mas tenho certeza que aprovou a minha atitude. Coloquei a leitoa em nosso chiqueiro e tratei de arrancar umas mandiocas do quintal para alimentá-la. Já sabia que todo o trabalho deveria ser recompensado e comecei a ver o nascimento de meus planos.

Na segunda-feira seguinte era o décimo dia sem informações sobre o paradeiro de meu pai. Quando o sol estava caindo, avistamos o chapéu branco se aproximando da casa. Era o meu pai chegando, como se nada tivesse acontecido. Falou longamente da vida na cidade grande e dos planos dele de mudar para a selva de pedras. Pouco me interessei pelos seus projetos. Fiquei mesmo atento a um carrinho que ele comprara na rodoviária de São Paulo. Era um carrinho de plástico, de uns 15 centímetros de comprimento. Do banco traseiro se erguia um balão, desses de festa de criança que se enche na boca. A boca do balão era presa em uma ponta de um tipo de escapamento do carro. Ao soprar a outra ponta, na traseira do carrinho, enchia-se o balão. O ar, ao sair pelo escapamento, impulsionava o carro para frente. Passei horas brincando de encher o balão, fazendo o carro correr naquela longa sala. Pensei que era o meu segundo presente, mas papai deixou claro que aquele era um brinquedo para todos. Até meu irmão mais velho fez questão de brincar com o carrinho de balão. De qualquer forma, considero aquele o último presente que ganhei de papai.

A PLANTAÇÃO SEM COLHEITA

Talvez devido à reação negativa dos familiares de meu avô, meu pai desistiu do plano de mudar para a cidade grande. Porém, estava disposto mesmo a procurar novos rumos. Trocou nossa chácara, o nosso santuário, o nosso lar, por duas pequenas fazendas, que se estendiam ao pé da Serra da Canastra. Na troca, meu pai também investiu todas as nossas economias. Agora ele era proprietário de dois sítios, um deles de terra de boa qualidade, banhado por um lindo ribeirão que nascia na Serra da Canastra e corria ao longo de um lado daquela propriedade.

Fomos morar em uma casa mais próxima do centro da cidade, a duas quadras da praça onde ficava um cruzeiro, do qual partiam os caminhos para a Serra da Canastra. Foi como se tivessem arrancado uma parte importante de meu corpo. A nova casa tinha um quintal amplo para qualquer padrão urbano, mas não era a minha chácara. De um dia para o outro, me vi privado das bananas-ouro, do cantar da seriema e dos pássaros, da vista do arco-íris, dos peixes pegos com a mão. Meus planos também foram por água abaixo. Até hoje não sei o que aconteceu com a minha leitoa.

Na frente da casa, que dava direto para a rua, havia um quarto enorme, que ficava constantemente fechado. Diziam que era um quarto assombrado e ninguém de minha família usava aquele espaço. Não tenho nenhuma lembrança boa daquela casa.

Começamos então a executar os planos de meu pai de se tornar um grande proprietário de terras do Glória. Ele queria tirar proveito da entressafra, quando a falta de mantimentos eleva os preços dos produtos agrícolas. Resolveu que suas terras deveriam produzir duas vezes ao ano e não apenas uma. Mobilizou toda a família para cultivar o sítio, numa época em que todos os fazendeiros da região colocavam as "barbas de molho" para esperar a época das chuvas e colher uma plantação abundante. Eram férias escolares de meio de ano, época de inverno e de poucas chuvas. A temperatura no Glória, mesmo no inverno, costumava ser bastante agradável. No sudeste do Brasil, onde estava encravado o sítio, as férias escolares são curtas no meio do ano e longas no final do ano, quando surge o verão.

Para chegar ao sítio, tínhamos que cruzar vários mata-burros. Nas estradas de terra que ligam uma fazenda a outra existe sempre uma porteira feita de madeira. Do lado de cada porteira há um mata-burro, que é um grande buraco coberto por uma ponte de madeira ligando à estrada. A ponte é feita de dois grandes troncos de árvores, onde são fixados, com prego, caibros de madeira a cada intervalo de 20 centímetros. Assim, os carros motorizados cruzam as fazendas sem parar nas porteiras. Já as carroças, ou outro carro movido à tração animal, usam as porteiras. Um bom cavaleiro não precisa descer do cavalo para abri-las. Ele coloca o cavalo ao lado, de modo que suas mãos possam alcançar a trava (um tipo de chave de madeira). O cavaleiro a puxa, abrindo a porteira. Os mais habilidosos abrem-na apenas o suficiente para passar o seu cavalo e sem perder o contato com a mesma, fecha-a fazendo os mesmos movimentos, mas do outro lado.

Nesse sítio trabalharíamos os próximos meses. Antes de chegar lá era preciso cruzar um ribeirão de águas límpidas e frias que desciam sobre pedras esculpidas durante séculos. O local é mesmo mágico. Protegendo o ribeirão, existem árvores seculares. Quando chove forte, ninguém consegue cruzá-lo. Certa vez Paulo, meu irmão mais velho, teimou em cruzar o ribeirão depois de uma chuva não muito forte. O cavalo que ele estava montando chegou a rodar uns cinco metros água abaixo. Foi por pura sorte que ele e o cavalo se salvaram. Diziam que seis metros abaixo do cruzamento da estrada com o ribeirão existia um rebojo de água, o qual já havia tragado várias pessoas. Cair naquele lugar era morte certa e meu irmão e seu cavalo estiveram a apenas dois metros de lá.

O sítio não tinha nenhuma benfeitoria digna desse nome. Apenas a terra avermelhada e fértil e uma casa de pau-a-pique, muito comum nas fazendas da região. Essas casas são feitas de madeira preenchida com barro. A casa do sítio, em especial, era apenas um quadrado, com os espaços vazios para uma porta e duas janelas. Nela, o chão era batido e sem qualquer pavimento e o teto coberto de sapé. A porta e as duas janelas eram protegidas por plásticos. Quando vi aquele lugar pela primeira vez pensei que seria algum depósito para adubos ou para arados e enxadas. Mas não. Ali seria a nossa moradia durante os dias em que iríamos cultivar a terra. Se soubesse que aquele lugar era o habitat preferido dos barbeiros, causadores da doença de Chagas e que vivem nos buracos das paredes, iria preferir dormir ao relento. Naquele cômodo dormimos de segunda a sábado, durante várias semanas, para plantar na nova terra prometida.

Para bebermos água, íamos a uma mina situada no fundo do sítio. Dessa mina corria um riacho ao longo do pé da serra em direção ao ribeirão. Para pegar água, usávamos uma folha da planta do chapéu-de-couro, também chamado de chá-mineiro. Não sabia que ali estava uma planta com poderes anti-inflamatórios, usada na cosmética para tirar cravos, espinhas e manchas da pele e até para emagrecer. Os efeitos medicinais dessa planta não param por aí. Suas folhas são enormes, de um verde forte e formato triangular. Os cantos do lado traseiro são arredondados e na frente se estende uma ponta fina.

Enrolada cuidadosamente sobre sua haste, a folha formava uma caneca descartável, com desenho arrojado. A água daquela nascente, bebida na folha do chapéu-de-couro, tinha poderes de saciar a sede, deixando uma sensação de alegria no corpo. Hoje sabemos que o chá dessa planta é usado contra a depressão. Pena que, naquela época, apenas os nativos sabiam os poderes medicinais dessa planta. Se pudéssemos visitar o futuro e em vez de plantar arroz e feijão meu pai tivesse cultivado o chapéu-de-couro e extraído seus princípios ativos, a história poderia ser outra.

Em uma segunda-feira, chegamos ao sítio para continuar o trabalho árduo de arar aquela terra. Na casa de pau-a-pique estavam apenas as esteiras feitas de folhas de banana, que usávamos como cama para dormir no chão. Na verdade, essas esteiras serviam apenas para isolar a pele do chão batido. Na primeira noite foi impossível dormir naquele lugar, mas depois de uma semana o corpo se acostumou com a dor de seu peso comprimindo os músculos contra o solo. Naquele dia, demos logo falta das enxadas e foices. Inconformado, meu pai pegou o cavalo e, como que sabendo quem era o autor do roubo, disparou sem falar nada. Foi parar em uma famosa vidente daquelas bandas, a qual lhe deu as pistas do ladrão. Na verdade, ela apenas confirmou o perfil de um dos suspeitos de meu pai. Quatro horas depois chegava meu pai com as enxadas e foices. Ele foi até a casa do bandido e lá recuperou os seus bens.

Eu estava torcendo para que meu pai nada encontrasse e pudéssemos voltar para a cidade mais cedo. Se os adultos não apreciam muito o trabalho árduo da lavoura, imagine uma criança? Hoje olhamos o campo completamente mecanizado, com as grandes engenhocas revirando a terra, adubando-a, distribuindo de forma precisa as sementes e até irrigando-as, em caso de falta de chuva. Essas máquinas também se ocupam de arrancar as ervas daninhas que competem com os frutos da lavoura. Colher os grãos, separá-los e processá-los, tudo é feito com o deslizar dos dedos sobre uma tela de computador.

Se fosse hoje, aquela terra teria sido preparada em poucos dias da cabine de aparelhos climatizados e ao som de música. Não tenho a menor dúvida de que qualquer criança gostaria de estar dentro de uma dessas máquinas, fazendo seus sonhos se concretizarem com simples comandos digitais. A mecanização do campo atingiu um grau tão elevado de automação, devido ao acentuado desenvolvimento tecnológico, que às vezes penso que nos esquecemos de onde vêm os produtos que compramos nas prateleiras dos supermercados.

Naquela época, tudo foi feito pelos braços de homens e com pequena ajuda de uma criança. Gastamos mais de dois meses para ter a terra preparada para receber as sementes. Então, meu pai teve que tomar a decisão mais difícil na vida de um agricultor da época: quando semear as sementes em suas covas? Todo o projeto de meu pai, para funcionar, dependia que as chuvas caíssem no tempo e na quantidade correta. Nos dias atuais, ele poderia contar com previsões do tempo, diminuindo a sua probabilidade de erro. Falhar, nesse caso, significava colocar tudo a perder.

Era noite de lua cheia. O céu estava mais límpido do que nunca. O Cruzeiro do Sul, as Três Marias... podíamos ver todas as estrelas desfilarem seus brilhos no infinito. Na época não imaginava que muitos daqueles astros nem existissem mais. Das terras reviradas pelos braços humanos, estava vendo no firmamento muitas luzes emitidas bilhões de anos atrás. Tinha que admitir que dali o céu era ainda mais lindo do que em nossa ex-chácara. Divertia-me piscando para as estrelas, imaginando que elas estavam ali apenas para enfeitar as nossas noites. Mesmo na melhor fantasia de criança não poderia imaginar que todo aquele Universo provavelmente um dia fora concentrado em uma única massa compacta, menor que um grão de ervilha. De repente, o Criador, ou uma energia poderosa, resolveu explodir aquele grãozinho de massa concentrado, ordenando que ele se expandisse e multiplicasse, formando as galáxias, as estrelas, os planetas e, entre eles, a Terra. Mas não foi uma explosão aleatória. Cada minúscula parte daquela pequena massa caminhou em uma direção, em uma velocidade e dentro de um tempo pré-estabelecido para cumprir uma determinada função específica. Um pequeno erro e não teríamos a Terra e muito menos paraísos como a nossa ex-chácara.

Para uma criança que havia acabado de fazer o catecismo, uma espécie de preparação para se tornar um cristão, era melhor imaginar que Deus criou tudo, o Universo, o Adão e, de sua costela, a Eva, os animais, as plantas e os planetas. Em apenas seis dias fizera tudo isso! E se ele é tão poderoso poderia, inclusive, criar um Universo em expansão e estrelas que emitem luzes que parecem estar viajando há bilhões de anos. Era melhor acreditar que o Criador colocou aquele céu, com uma abóbada estelar infinita, para agradar o seu pequeno filho. Senti-me como um bebê apreciando os enfeites em cima de seu berço. O fato de saber que gastamos mais de dois meses apenas para limpar e arar aquele pequeno pedaço de terra, enquanto o Criador poderia ter feito todo o Universo em apenas seis dias, já era motivo suficiente para que eu não duvidasse da minha fé.

Meus pensamentos foram interrompidos por um cheiro de carne de porco, conservada na sua gordura, que vinha de dentro da casa de pau-a-pique. Era um ajudante de meu pai terminando de fritar aquela carne, que seria comida com um arroz solto, que exalava um aroma indescritível. Decidi que precisava aprender a cozinhar algo, mesmo que fosse para ser feito em um fogão improvisado com duas pedras e aquecido com o fogo da lenha, catada no chão de uma pequena floresta.

O cheiro de pernil me levou de volta à minha ex-chácara. Papai era um especialista em castrar as porcas para a engorda. Ele amarrava as patas dianteiras e traseiras, descansando seu joelho direito no pescoço do animal. Com uma faca afiada, fazia um pequeno corte na barriga da porca, enfiava os dedos, o indicador e o médio, até atingir o ventre, arrancando então os ovários, como um hábil cirurgião. Todo o movimento cirúrgico era realizado em menos de dois minutos, depois do qual os ovários eram exibidos como troféus, em homenagem à sua destreza. Como o corte era apenas para permitir a passagem de seus dedos, a porca era liberada sem nenhum ponto cirúrgico. A cirurgia feita sem anestesia arrancava gemidos de dor, que enchia toda a chácara de lamento. Ao ser liberado, o animal se entregava a movimentos desenfreados, esfregando a barriga cortada no chão do chiqueiro, que não tinha a menor assepsia.

Recordei-me, então, dos cuidados extremos que o médico teve comigo durante e depois de engessar o meu braço, quebrado pela novilha. Como tive também algumas escoriações na queda, o médico limpou os locais com antisséptico. Fui proibido de deixar qualquer sujeira cair nas feridas. Protestei contra o excesso de zelo. Falei para o médico das cirurgias que papai fazia nas porcas e da forma como elas se esfregavam em tudo que não poderia ser considerado limpo. Depois lembrei a ele que nunca soube de nenhuma porca ter ficado doente ou morrido pela falta de higiene no pós-operatório. O médico ficou desconcertado, sem saber me explicar porque regras de assepsia, que valem para os humanos, não se aplicam aos porcos. Vai ver que de tanto nos proteger dos agentes agressores da natureza, acabamos por perder a imunidade contra eles.

Minhas lembranças se voltaram para a forma como minha mãe extraía a gordura daquelas porcas quando ficavam gordas. Papai usava da mesma destreza para matar o animal. Em um golpe, derrubava a porca no chão, prendia a sua cabeça com o joelho, levantava a pata direita e enfiava a afiada faca na axila dela. Em fração de segundos o coração da porca estava dilacerado e o sangue era coletado em um recipiente para fazer chouriço. Os gritos de dor do animal ao sentir a faca penetrando em seu coração eram prolongados e agonizantes. Se perder a capacidade de procriar era uma mutilação doída, perder a própria vida era o grito inaceitável. Não pode existir protesto maior do que o grito de quem sabe que está tendo a sua vida subtraída por uma força contra a qual nada se pode fazer. Podíamos ver a dor da morte refletida nos olhos de todos os viventes da chácara.

Papai se mostrava um profundo conhecedor da anatomia dos porcos. Ainda quente e com a musculatura rígida, todo o corpo do animal era sapecado com as labaredas de álcool. Em seguida, com um facão afiado, ele tirava todo o pelo do animal. A porca era então colocada sobre uma mesa baixa, mantida fixa, com as patas viradas para o céu. Rapidamente, a faca ia deixando um corte profundo, separando o animal em duas metades, expondo suas vísceras e os órgãos guardados pela caixa torácica. O toucinho era o primeiro a aparecer, logo abaixo da pele do animal. Aquilo tinha a consistência de uma maria-mole e a aparência de flocos de neve, com uma brancura alvejante. Em pouco tempo, os principais músculos da porca estavam separados, prontos para serem temperados e consumidos.

No final, sobrava a cabeça presa na coluna do animal, que chamavam de suã.

Fardos inteiros de toucinho eram então cortados em pequenos cubos. Mamãe derretia a gordura em um grande tacho aquecido no fogo da lenha. À medida que a temperatura ia subindo, aquelas gorduras se transformavam em óleo, que era usado para cozinhar e fritar os alimentos. Ela pré-cozinhava as carnes e guardava-as em latas de 20 litros cheias de óleo. Ao esfriar, o óleo se transformava em uma massa única e compacta em volta dos pedaços de carne. Naquele sítio não existia energia elétrica e muito menos geladeira ou congelador. Assim, a gordura fazia muito bem o papel de conservar a carne por um longo tempo.

O cheiro que exalava da casa de pau-a-pique era o mesmo da cozinha de minha mãe. Aquela era a última das cinco latas de carne de porco que levamos na mudança da chácara. Meu momento de sonho acordado, com aquela realidade que havia ficado para trás, foi interrompido pelo meu pai me chamando para jantar.

Em volta do fogo aceso, estavam seis homens sentados no chão e armados com seus pratos cheios de arroz com carne de porco curtida no óleo. Todos jogavam conversa fora e tomavam goles de pinga pura. As labaredas do fogo, em contraste com a noite, deixavam os rostos reluzentes. Percebi que ficamos mais jovens e bonitos à meia-luz das labaredas que irrompem a noite. É para nos tornar resplandecentes que usamos as velas nos bares e as tochas nos restaurantes de quintal.

Quando levei a colher de arroz à boca, senti um gosto delicioso. "Esse é o melhor arroz que já comi", exclamei para alegria do cozinheiro. Comi o arroz com carne de porco e devo ter dormido um sono pesado, a ponto de não me lembrar que entre a minha pele e o chão havia apenas uma esteira de folhas de banana.

Em um gesto de retribuição e boa vontade, na noite seguinte, o cozinheiro me ensinou o segredo para cozinhar o arroz. Descascamos várias cebolas, cortando-as em rodelas. Em protesto, as cebolas arrancaram lágrimas, fazendo jorrar pequenas cachoeiras de meus olhos. Desnudamos várias cabeças de alho, amassando-as com uma grande colher de pau. Em seguida, lavamos o arroz em uma bacia de latão, escorremos a água e o deixamos descansar. Enquanto isso, o óleo na panela já estava quente. Então, começamos a fritar a cebola e, quando esta começava a ganhar uma cor amarela, misturamos os alhos amassados. Em seguida, acrescentamos o arroz, fritando mais um pouquinho. Depois, colocamos água, cobrindo bem o arroz, e temperamos com sal até atingir o gosto desejado. Tampamos a panela e tudo o que tínhamos que fazer era monitorar o nível da água e, de vez em quando, testar o grau de cozimento do arroz. O resultado era um arroz solto e extremamente saboroso.

Recentemente, dei muita risada quando li um comentário de um dos maiores cozinheiros da cidade de São Paulo, que dizia que, quando não se sabe cozinhar, usa-se cebola e alho. Por que todos que provam meu arroz pedem para repetir? O fato é que o ditado popular, mais uma vez, parece estar certo: "faça o arroz com feijão". Provavelmente somos programados para apreciar o básico. Considerando o arroz cozido ao modo asiático, ousaria afirmar que a mistura desse grão com cebola e alho parece ter sido uma grande invenção, transmitida a uma criança por aquele cozinheiro. Aprendi, então, que para fazer a diferença às vezes não precisamos inovar tanto. Aquém da opinião do crítico, o fato é que esse arroz deve agradar o paladar de quase todos os brasileiros.

Naquela noite, comemos novamente o arroz com carne de porco. Diferente do dia anterior, o céu relampejava no alto da serra. Após cada relâmpago, chegava um forte trovão. Era o sinal que papai estava esperando há dias para tomar a decisão e iniciar a semeadura. Na casa de pau-a-pique, as goteiras vazavam por todos os lados. A cobertura de sapé do telhado não venceu a água que caía com fartura sobre a terra. Se o desconforto de dormir no meio da água era grande, os comentários de meu pai eram de agradecimento. "Deus ouviu as minhas orações e mandou essa abençoada chuva", exclamava ele.

No dia seguinte, acordamos com os cantos das seriemas e papagaios, com um lindo nascer do sol. Fui ao riacho para pegar água para o cozinheiro fazer café. O cheiro de café coado no filtro de pano se espalhava por todos os lados. Comemos os biscoitos e pães de queijo, feitos por minha mãe, com café e fomos plantar as sementes no solo irrigado pela chuva da noite. Havia a promessa de vida por todos os lados. Gastamos dois dias plantando as sementes com a ajuda de uma plantadeira manual.

O momento era de esperar as sementes brotarem, carpir as ervas daninhas e ver a lavoura dar os cereais para alimentar os homens. Assim como o Criador, fomos para casa no sétimo dia. Era domingo de ir à missa, agradecer a Deus e rezar para que as chuvas continuassem alimentando o ciclo da vida. Em especial, pedi a Deus que fizesse aquelas sementes renderem centenas de sacas de mantimentos e lucro para meu pai. Como todo humano sabe, se o dinheiro sozinho não traz felicidade, a sua falta gera angústias e infelicidades. Quem conhecia bem aquele homem sabia quando ele tinha feito um bom negócio e ganhado um bom dinheiro. Os olhos do João Grilo eram só brilho e até as suas rígidas regras poderiam, em certa medida, ser quebradas.

Na segunda-feira, encontramos um campo predominado ainda pela terra vermelha e rica em nutrientes. Papai abriu uma cova e viu que a semente dava sinal de vida. A chuva forte do dia anterior à plantação fizera o seu efeito. Gritos de felicidade ecoaram por todos os lados. Podia ouvir os cantos dos pássaros como que anunciando um novo despertar da vida. No sábado, voltamos para casa felizes por estarmos deixando para traz uma terra cortada por lindas fileiras de pequenas plantinhas, que despontavam verdejantes em direção ao sol.

No domingo, fomos agradecer mais uma vez e pedir por mais chuva. Deixei bem claro para o Criador, naquela pequena igreja, que havíamos trabalhado de forma honesta. Fizemos um sacrifício árduo e em condições desumanas. Portanto, merecíamos que o meu pedido fosse atendido. Além do mais, tudo o que queríamos era chuva em abundância e na hora certa. Também mostrei para o Criador que havia sacrificado um mês de aula para ajudar meu pai a executar o seu plano. Naquela época, as crianças podiam se matricular na escola apenas depois de completar sete anos de idade. Faço aniversário no mês de junho e só pude começar o primeiro ano da escola com sete anos e meio.

Era uma escola agradável. A minha professora tinha o rosto da imagem de Nossa Senhora que ficava em um oratório dentro da igreja que frequentávamos. Ela era linda, olhos azuis, cabelos loiros caídos abaixo dos ombros, queixo retangular e uma pele branca e sedosa. Eu gastava mais tempo namorando seu rosto do que prestando atenção no que ela nos ensinava. Foi o maior amor platônico que já senti. Se todos os homens amassem uma mulher daquela forma, com certeza não haveria divórcios. Um amor de criança que nada cobra, que nada oferece, que nada exige e que nada dá. É o amor sublime focado na imagem e não no corpo.

Nunca deixava de fazer a lição de casa, intermináveis cópias dos números romanos e de letras do alfabeto. Não via muito sentido em fazer cópia do que já sabia, mas, para não desapontar a minha musa, fazia todas aquelas monótonas lições de casa. Um dia, meu pai, vendo-me preencher folhas e folhas com cópia das mesmas coisas, ordenou que usasse a borracha para apagar o que havia feito e, assim, reutilizar o caderno. Nunca entendi a lógica daquele comportamento. Mesmo que a borracha fosse mais barata do que o caderno, eu gostava de rever o que escrevia. Para facilitar o trabalho de apagar as páginas, logo aprendi que não deveria colocar pressão no lápis. Distraía-me tentando diferentes formas de pegar e pressionar o lápis, de forma a atender os dois objetivos distintos. Precisava agradar a minha professora, gerando letras bem feitas e, para cumprir a ordem de meu pai, estas deveriam ser fáceis de apagar.

Assim, compreendi que podemos conciliar duas coisas aparentemente contraditórias e tirar proveito delas.

Fiquei triste quando chegaram as férias. A princípio, pensei que ficaria apenas um mês sem ver a professora de meus sonhos. Não sabia que, nos planos de meu pai, eu perderia mais um mês de aula. As duas primeiras semanas foram terríveis. A perda da chácara coincidiu com o início das férias, a mudança para a nova casa e o começo do trabalho no sítio. Assim, a minha alma estava amarrada pela dor de duas separações: a chácara e a minha musa professora.

O engraçado é que a dor da separação de minha professora amada durou exatamente duas semanas. Uma vez, ouvi uma conversa entre dois senhores. Um deles argumentava que duas semanas sem se ver era o tempo necessário para curar uma paixão. A teoria era que o amor precisa ser cultivado todos os dias, porque, do contrário, a imagem da pessoa amada na memória vai se esfacelando. Assim, o amor não resistiria à falta do estímulo, ou seja, a presença da pessoa amada. Sem ela, durante quinze dias, o homem garantia que era caso de paixão resolvida. Pode ser coincidência ou não, mas no meu caso funcionou.

Na terceira semana recebemos a visita de uma prima que tinha vindo de uma cidade grande. Ela era a menina mais linda que vira na vida. Tinha cabelo castanho claro caído nos ombros, cortado tipo chanel, e pele cor de jambo. O sorriso era farto e mostrava dentes grandes e perfeitamente distribuídos. Falava um português sem erros gramaticais e com um sotaque de gente culta. Seus lábios grandes eram um convite para o beijo apaixonado. Minha prima veio visitar seu tio rico, proprietário de uma fazenda, que se estendia por longas extensões de terra ao pé da serra. Ficamos com a incumbência de levá-la até a sede daquela fazenda.

Dormi imaginando que deveria ser gostoso beijar aquela boca proibida de prima. Na manhã seguinte, fui o primeiro a acordar. Dirigi-me até sua cama apenas para ter o prazer de acordar aquela bela adormecida. Tomamos o café da manhã, papai preparou a carroça e a ajudei a subir naquele carro movido à tração animal. O percurso até a fazenda do tio dela durou quase três horas. Durante esse tempo, eu percebi que não tinha apenas um sotaque caipira, mas também cometia vários erros no uso da minha língua pátria. A minha prima se divertia me ensinando a falar corretamente. Trocava com frequência a letra "L" pela "R". Falar a palavra "problema" era um martírio, sempre saía um "pobrema". Não queria que aquela viagem tivesse fim. Mas quando chegou o destino final, nos despedimos e eu tinha uma nova paixão. Durante duas semanas aquele rosto de menina linda não saiu de meus pensamentos.

O trabalho na terra foi me fazendo deixar para trás as lembranças de minha professora e de minha prima. Estávamos muito focados na execução dos planos de papai. O único pensamento que não deixava de povoar a minha mente era dos dias que passamos na chácara. Se quinze dias foram tempo suficiente para apagar uma paixão da memória, as lembranças de meu primeiro lar parecem que nunca irão deixar de visitar a minha mente. Alguns filhotes de aves, quando saem do ovo, se apegam instintivamente à primeira coisa que veem se movendo à sua frente. O poder do instinto é tão grande que existem relatos de casos de pintinhos seguindo e se apegando a um graveto que fora movido na frente do ninho na hora do nascimento. Nós, humanos, nos apegamos com vontade e determinação aos seios de nossas mães quando chegamos nesse mundo. Penso que o mesmo deve acontecer com o nosso primeiro lar. Qual humano não gosta e não sente prazer em voltar ao lugar de nascimento? Retornar ao primeiro lar é como uma viagem de volta à nossa primeira moradia, o útero materno. Aprendi, com o tempo, que não era apenas o que tinha em minha chácara que me ligava a esse local para sempre. Ela foi o meu primeiro lar, onde me apeguei de forma instintiva e com laços irreversíveis.

Por razões que nunca entendi, mudamos pela terceira vez para uma casa que ficava na saída da estrada que levava ao sítio, onde havíamos trabalhado nos últimos meses. Era uma casa enorme, com um quintal que lembrava uma chácara. Havia um grande curral e chiqueiros. Nós só usávamos a casa e não era permitido explorar nada além de alguns metros depois da porta de saída. Ela ficava em uma colina, de onde se via toda a cidade se estendendo em direção ao Rio Grande. Era um observatório privilegiado para apreciar os mistérios do céu. Não havia uma única noite em que não se via um meteorito entrar na atmosfera terrestre, formando pequenos cometas, procurando um pouso na Terra. Também não havia nenhuma noite naquela casa sem oração. Antes de irmos para a cama, papai colocava toda a família de joelho, em roda, de braços dados no meio da sala. Assim, permanecíamos até terminarmos de rezar todo o terço. Não me lembro de tanto fervor religioso em nossa família.

Dependíamos das chuvas, dependíamos da boa vontade da mãe natureza e apenas o Criador poderia atender nosso clamor. A quantidade e frequência de nossas orações iam aumentando à medida que as chuvas não chegavam. Voltamos ao sítio nas três semanas seguintes ao nascimento daquelas plantinhas, na certeza de reencontrar a chuva e, com ela, o crescimento e desenvolvimento das plantas. Mas o tempo passava e não havia nenhum sinal de chuva, apenas o sol que ardia a cada dia com mais intensidade.

Ali, naquele campo cultivado, o que era vida se transformava em pura desolação. O verde das folhas recém-nascidas das plantas era agora um vermelho pálido e esturricado. Não havia mais salvação para o plano de meu pai. Todo o trabalho fora em vão. As expectativas de lucro abundante se transformaram em prejuízo e dívidas. As lágrimas de desespero não paravam de jorrar do rosto vermelho daquele homem que acreditou que um dia poderia mudar as regras da natureza.

Papai colocou o arreio no cavalo, deixando um baixeiro preso na parte traseira do mesmo. Esse baixeiro criava uma garupa. Ele colocou o pé no estribo e, em um golpe, montou o cavalo, se ajeitando no arreio, e me estendeu a mão. Coloquei o pé direito sobre o seu pé e ele me ajudou a sentar na garupa do cavalo. Agarrei sua cintura como quem queria consolá-lo. Cabisbaixos, pegamos o caminho de volta para casa. O sol estava se pondo, a sinfonia dos pássaros havia calado, tudo havia se transformado em tristeza. Até hoje sinto a alma amarrada quando estou no campo e vejo a noite cair. A passagem do dia para a noite é pura melancolia. Como pode a luz deixar de iluminar tanta beleza? Por que os pássaros têm que calar uma sinfonia de vida? Minha melancolia não é depressão. É saudade forte do dia, misturada com uma incontrolável vontade de que o sol volte logo, reiniciando todo o espetáculo.

Assim que começamos a viagem de volta, uma chuva fina e fria começou a cair. Ao chegarmos ao ribeirão, a quantidade de água que descia da serra já era abundante, a ponto de levantar a dúvida na cabeça de meu pai se não deveríamos retornar e deixar a volta para o dia seguinte. Acho que a vontade dele de ficar longe de seu fracasso deu-lhe o impulso para enfrentar o perigo e cruzarmos aquele ribeirão. No começo, o cavalo resistiu, mas as esporas obrigaram o animal a enfrentar o medo. Como quem age contrariado e em protesto, o animal retesou todos os músculos e saiu pulando a água do ribeirão. Agarrei com mais força a cintura de meu pai. Em um gesto instintivo, ele largou as rédeas do animal e apertou firmemente os meus braços contra o seu tronco. Viramos um corpo único no dorso daquele cavalo baio, enquanto meu pai gritava pela ajuda do Espírito Santo. A atitude indomada do animal foi a nossa salvação. Rodamos uns dois metros, mas a valentia dele nos levou para a margem segura do outro lado.

Quando estávamos a salvo, meu pai me colocou no chão e apeou. Sob a chuva, ajoelhamos no chão úmido e rezamos um terço para agradecer. O impulso da vida estava se manifestando de forma inequívoca. Abracei o pescoço de meu pai, acariciei o seu cabelo farto e fino e lhe dei um beijo prolongado no rosto. Pedi a ele que não ficasse triste: "Tudo vai terminar bem", exclamei. Sempre quis ter aquele tipo de contato físico com meu pai. Porém, seu comportamento durão acabava criando uma barreira entre nós. Aprendemos naquele momento que a vida é muito maior do que qualquer fracasso. Montamos no cavalo e continuamos a nossa cavalgada.

Qualquer criança adoraria estar na garupa de um cavalo montado pelo pai. Mas isso vale para um passeio curto. Depois dos primeiros 500 metros, o prazer começa a virar dor. Quanto mais eu pedia para aquele cavalo não me jogar para cima enquanto trotava, mais ele o fazia. Quando caía de volta no dorso daquele animal, sentia os meus glúteos serem amassados. Era como se estivesse levando uma surra no bumbum a cada passada do animal. Tentava apertar as pernas contra o tronco do cavalo para evitar que meu corpo fosse jogado para cima. Tudo o que consegui era estender a dor para a parte interna das pernas. À medida que íamos nos distanciando do sítio, a chuva aumentava. Lembrei-me da cena de heroísmo daquele cavalo no ribeirão. Não me conformava com o fato daquele lugar estar raso durante todos os dias que rezamos por chuva e, na hora em que precisávamos de calmaria para atravessá-lo, ele estava transbordando de água. Pensei no desespero que meu irmão mais velho havia vivenciado naquele mesmo local.

Aquela cavalgada parecia interminável. Para aliviar a minha dor, que aumentava com as passadas, tentava distrair os meus pensamentos. No entanto, tudo o que consegui era lembrar pequenos flashes da saga de meu pai desafiando a natureza. No caminho, só víamos água e mais água. Não conseguia entender como meu pai e o seu cavalo identificavam a rota a seguir naquela noite de chuva interminável. Centenas de vezes tive vontade de pedir ao papai para parar. Preferia até mesmo caminhar a pé a continuar sendo torturado na garupa daquele cavalo. Mas não poderia desapontá-lo no momento de seu desespero e de sua derrota.

Ouvi o canto triste de uma coruja no meio daquele mar de água fria que ensopava os nossos corpos. Tinha apenas uma camiseta furada e um calção cobrindo parte de meu corpo. Tive vontade de gritar com o Criador. Eu até entenderia porque Ele não tinha atendido nossas preces e mandado a chuva na hora certa. Porém, não precisava debochar de nosso fracasso, mandando o aguaceiro tão esperado exatamente quando batíamos em retirada. Estávamos nos sentindo como soldados derrotados que abandonam o campo de combate. Aquela chuva de inverno iria durar por várias semanas. O plano de meu pai teria dado certo se ele tivesse iniciado a plantação das sementes no dia seguinte da pior cavalgada da minha vida.

Depois de duas horas e 20 quilômetros de dor e desespero, finalmente chegamos em casa. Papai tentou me ajudar a descer do cavalo, mas não tinha mais controle sobre os meus movimentos. Eu estava duro e imóvel. Tinha perdido a capacidade de me manter em pé, andar e falar. Meu pai gritou por minha mãe, que logo apareceu na porta da entrada de casa. Ela me segurou para que papai me descesse do animal. Em seguida, ele me pegou no colo e me levou para dentro de casa. Mamãe me deu um banho na bacia em que lavava as roupas, com água bem quente e sal. Aos poucos, fui recuperando o controle de meus movimentos e foi sumindo a cor roxa dos meus lábios e extremidades.

Somente depois de duas semanas é que fui reconquistar a capacidade de andar sem dor. O término de meu sofrimento coincide com o retorno do papai ao sítio para pegar as ferramentas usadas no projeto fracassado. Ele estava a menos de 300 metros de casa, no ponto mais alto da colina. Chovia muito e a estrada de terra havia se transformado em sabão, de tão escorregadia que estava. De repente, o cavalo perdeu o equilíbrio, caiu, escorregando ladeira abaixo. Ao término da tragédia, o cavalo teve que ser sacrificado, por causa das múltiplas fraturas nas pernas. Meu pai teve várias costelas fraturadas e mal conseguia respirar. Sem socorro, ele se arrastou até em casa, entre a vida e a morte, para desespero da família.

Naquela noite, no lugar da reza ficamos todos chorando. Papai talvez tenha passado a pior noite de sua vida. Na cidade não havia socorro. O dono de uma farmácia, muito amigo da família, deu alguns remédios para tirar a dor. Papai só foi atendido na cidade vizinha, Passos, que fica do outro lado do Rio Grande, no dia seguinte, 20 horas após o acidente. Voltou enfaixado para casa e com recomendação de repouso absoluto. Demorou muito tempo para que ele parasse de sentir o tormento da tragédia a cada inspiração.

As dívidas se avolumavam e o desespero ia aumentando. Um dia, estacionou um caminhão na porta de casa. Era uma tarde ensolarada. De repente, toda a família foi convocada para ajudar a carregar a nossa mudança. Não havia muito o que colocar sobre aquele caminhão, a não ser as camas, colchões, utensílios sem muito valor, um pote de água potável feito de argila e o banco azul. Rapidamente a casa estava vazia.

Desse lar não levei nenhuma lembrança boa, a não ser a visita de um tio, que chegou em uma moto barulhenta.

À noite, fomos a uma mina perto da casa para caçar rã. Comi pela primeira vez aquele tipo de carne, que contraía na presença de sal. O alimento me pareceu delicioso, principalmente considerando que estávamos há mais de dez dias sem comer qualquer tipo de carne.

No caminho de fuga do fracasso do projeto de meu pai e da cobrança dos credores, passamos em frente à casa de uma amiga de minha mãe. Era uma linda propriedade, cortada ao fundo por um riacho. De lá partia um morro em direção ao riacho, todo recoberto de grama. Quando saía da escola em direção à nossa última moradia no Glória, a parada naquele morro era obrigatória. Pegava uma folha de coqueiro e usava como prancha, surfando morro baixo. Era uma delícia desafiar a força do atrito sobre uma larga folha de coqueiro.

De repente, o caminhão parou. A princípio imaginei que poderia dar a minha última escorregada naquele morro. Da porta da casa apareceu a amiga de minha mãe com uma bacia de alumínio cheia de quitutes. Eram pães de queijo, broas de fubá e bolos de cenoura para comermos na nossa nova jornada, além de uma caixa com três dúzias de ovos. Minha mãe e meu pai desceram da boleia do caminhão para se despedir da amiga. Eu fiquei dentro, vendo uma das cenas que dá sentido à vida de uma pessoa. As lágrimas e soluços eram incontroláveis nos rostos daquelas duas mulheres, que tiveram as vidas marcadas pela amizade sincera e pura. Na boleia estavam minha irmã mais nova, eu, meu pai, minha mãe e o motorista. Na carroceria, junto com as tralhas, estavam minhas duas irmãs e meus dois irmãos mais velhos.

Aos poucos, a poeira levantada pelo caminhão anunciava a migração definitiva de mais uma família brasileira do campo para a cidade. Estava deixando para trás os cantos dos pássaros que eu sabia identificar e tentava imitar, para encontrar um mundo de música urbana, que eu nem imaginava existir. Além dos pássaros, a única música que conhecia era dos sons de acordeão das festas que meu pai dava na chácara. Em casa não existia sequer um rádio. Ignorava completamente que, em 1968, ano de nossa migração, o tropicalismo das músicas de Caetano Veloso e Gilberto Gil, a voz romântica de Frank Sinatra, a genialidade de Tom Jobim e a revolução dos Beatles agitavam as cidades.

Quando deixamos o último quarteirão da cidade, ainda vi o caminho que dava para a minha ex-chácara. Lembrei-me da filha de uma empregada de minha mãe. Ela tinha me iniciado no mundo da curiosidade sexual. Tinha uns doze anos, era negra, bonita e carregava uma grande mancha branca de nascença nas nádegas. Eu tinha no máximo seis anos. Aquela garota me levou para o bananal e brincamos de papai e mamãe. Ficamos despidos e ela esfregava o meu corpo de menino sobre o dela. Não considero aquele ato como algo que possa ser caracterizado de relação sexual. Para mim estávamos apenas imitando o que víamos os animais praticarem no quintal da chácara. Fiquei com uma sensação doce na pele, depois das carícias feitas por aquela menina-mulher. Mas o prazer sexual foi apenas o do toque, de quem quer um contato mais íntimo com o sexo oposto, sem qualquer ato que envolvesse as nossas genitálias.

Deixamos para sempre o Glória bucólico, verdejante e limpo, e pegamos a estrada de terra em direção ao porto do Rio Grande. O caminhão subiu em uma balsa e cruzamos aquele belo rio. Passamos a cidade de Passos, em cuja Santa Casa nasci e vivi os meus primeiros dias.

Fomos morar em um vilarejo chamado Itaú de Minas. Fiquei maravilhado com a rodovia asfaltada de duas mãos, que ligava Passos a Itaú. Estava indo para um mundo mais veloz, onde as rodas giram mais rápidas, sem levantar poeira de terra.

A NATUREZA SEM COR

Depois de duas horas de estrada, chegamos a Itaú de Minas, na época um distrito da cidade de Pratápolis, localizado a sudoeste de Minas Gerais e possuidor de uma das mais importantes jazidas de calcário do Brasil e da maior fábrica de cimento e cal da América Latina.

Bem antes de chegar à cidade, já não se via uma única vegetação que não estivesse coberta de pó branco amarelado. Quando entramos em Itaú de Minas, notei os telhados de todas as casas cobertos por grossas camadas de pó, assim como as poucas plantas que lá existiam nos jardins de algumas residências. Era muito triste saber que as rosas daquela cidade estavam sendo impedidas de mostrar suas cores vívidas.

O caminhão de retirantes desceu a rua principal da cidade, que era pavimentada com paralelepípedo. Quatro quadras antes do final daquela rua, que declinava em formato de ladeira, ficava a entrada principal da fábrica de cimento e cal. Suas chaminés jogavam dia e noite o pó poluente sobre tudo e todos que ali viviam, sem qualquer piedade, pudor ou remorso.

Pelo portão principal da entrada da fábrica também passavam intermináveis vagões cheios de calcário. O trilho do trem corria ao longo de uma ruela não pavimentada, que desembocava na rua principal, a menos de 100 metros do acesso central. O lado superior era delimitado pelos fundos das casas da rua do quarteirão acima. Do lado inferior havia a passagem para um carro e alguns casebres.

Quando o caminhão ganhou a altura da ruela, teve que esperar para que os vagões cruzassem a rua principal. Em seguida virou à esquerda, estacionando na frente de um dos casebres. Ali era a minha quarta moradia. A casa tinha dois quartos, sala, uma cozinha e um banheiro. Aquele lugar era muito mais parecido com a casa de pau-a-pique do que verdadeiramente uma casa. Na sala ficou apenas o banco de madeira azul. Na cozinha havia um fogão a lenha e sobre um caixote colocamos o filtro de água. No quarto do fundo, ficava o papai, a mamãe e minha irmã mais nova. No quarto da frente, amontoavam-se os demais filhos.

A porta da entrada e a janela desse quarto ficavam a apenas três metros dos trilhos de ferro. Quando os vagões passavam, tudo tremia. A sensação que tínhamos era de que eles estavam passando dentro de casa. O único alimento que comemos naquele dia foram os quitutes preparados pela amiga de minha mãe.

Fomos dormir assustados e tristes com aquela realidade. Minha mãe tentava disfarçar as lágrimas de desespero e meu pai mordia os lábios, sem conseguir disfarçar uma profunda depressão. Na primeira noite naquele casebre, meus filmes de terror voltaram com força total. No meio da noite, acordei gritando com o apito do trem, pensando que era um mostro que vinha engolir toda a nossa família. Havia perdido não apenas os bens materiais, mas também o controle sobre os meus monstros.

Eu não tinha a menor ideia de que na cidade encontraria um mundo em grandes transformações sexuais e científicas. No catecismo havia aprendido que o sexo deveria ser usado apenas para a reprodução. O meu contato físico com a menina-mulher aconteceu um ano antes das lições religiosas, em que me ensinaram que deveria casar virgem. Cheguei mesmo a confessar a um padre o doce e ingênuo contato que tive com ela. Ele me fez rezar muito para conseguir o perdão daquele encontro de curiosidades.

Não sabia que um ano antes de nossa migração, o descobrimento da pílula anticoncepcional iria mudar para sempre o comportamento sexual da humanidade. Também não poderia imaginar que naquele ano o primeiro transplante de coração iria desvendar um mundo sem limites para a natureza humana.

Tampouco compreendia que era apenas mais um nas estatísticas brasileiras a testemunhar o grande êxodo rural para as cidades. Até 1968, mais da metade da população nacional ainda morava no campo e a terra era cultivada com a força dos músculos humanos. A expectativa de vida era de 60 anos e ainda morria muita gente de malária, tuberculose e outras doenças das nações não desenvolvidas.

Apesar do sotaque caipira, da falta de domínio da língua pátria, já conseguia escrever o meu nome e ler várias palavras. Poderia então ser considerado um felizardo, dado que 40% dos brasileiros na época não tinham sequer aquela habilidade básica. Apesar de ausente da escola durante um mês, para ajudar o meu pai na plantação, eu fazia parte da metade de todas as crianças brasileiras que tinha a sorte de ter acesso ao estudo.

Com toda a liberdade de ir e vir, na imensidão de terra que se estendia entre o Rio Grande e a Serra da Canastra, não fazia a menor ideia de que o Brasil vivia momentos de repressão política brutal. Em Itaú, encontrei a urbe tomada pela euforia da campanha dos militares do "Para Frente Brasil". Grandes obras estavam sendo construídas no país, refletindo a forte ascensão da economia. Era a época do milagre do crescimento econômico brasileiro.

No dia seguinte, acordamos cedo. Mamãe cozinhou um ovo para cada um de nós e preparou café no coador de pano. As atenções estavam voltadas para a minha irmã mais nova, que tinha apenas cinco anos. Minha mãe gastou um bom tempo nos alertando para jamais brincar nos trilhos do trem. Para cruzá-los deveríamos usar somente a calçada da rua principal, quando o trem não estivesse passando. Em especial, ela temia que minha irmã mais nova, ainda incapaz de reconhecer os perigos, fosse atropelada pelos vagões. Passamos a viver com um monstro de metal cruzando incansavelmente a porta de nossa casa.

Fui então explorar o quintal daquele casebre. Havia um tanque de lavar roupas, com uma torneira que jorrava água da rua. Quando usada no tanque, a água escorria para o próprio quintal. Em um dos cantos havia uma pequenina casa de um metro quadrado, coberta de telhas e cujo piso era feito de laje de cimento com um buraco no centro, de onde se abria uma profunda fossa. Usaríamos aquele local como privada. No outro canto, um pé de mamão, totalmente recoberto por aquele sufocante pó, teimava em sobreviver contra a vontade do agressivo poluente. As folhas do mamoeiro estavam queimadas e amareladas, seus frutos murchos e enrugados, anunciando a rendição ao ataque à natureza.

Não havia a menor chance de meu antigo plano funcionar. Não poderia colher inhames, ou qualquer outra raiz, e vender para um cliente. Não existiam bananas e abacaxis para colher. Diziam que aquela terra, antes da fábrica, era coberta de vida. Porém, daquilo que vi nada se poderia extrair a não ser o calcário. Era uma natureza morta.

Tudo o que havíamos aprendido durante anos sobre como cultivar a terra e dela arrancar os nossos alimentos, não poderia ser usado naquela natureza desolada e condenada à morte. Começava a entender uma grande lição: seria preciso desenvolver novas habilidades capazes de solucionar novos problemas.

Caminhei até a porta da rua e dei de cara com a minha irmã mais nova brincando com um monte de areia que estava debaixo da janela. O bonito das crianças é que elas se contentam em brincar com qualquer coisa. Ela usava dois palitos de picolé, enfiava-os na areia e fazia de conta que eram dois homens trabalhando na terra.

Tive uma forte vontade de urinar e corri para a fossa. Quando me lembrei das recomendações de minha mãe, retornei voando para a ruela. Minha irmãzinha estava brincando com os dois palitos de picolé sobre um dos trilhos. Vi o monstro em forma de trem se aproximando, apitando desesperadamente. Pulei na direção de minha irmã, agarrei o seu braço e, em um gesto instintivo, puxei-a abruptamente em direção ao casebre. Caímos a menos de um metro dos vagões, cobri a cabeça dela com o meu corpo e esperei até que o último vagão passasse. Ela chorava por ter perdido os seus bonecos de palito. Eu ajoelhei e rezei pela vida dela. A partir daquele episódio, meu pai construiu uma cancela de madeira para impedir que minha irmã, sem noção do perigo, encontrasse a morte na porta de casa. Era hora de olharmos para frente e construirmos o futuro.

Mudamos para Itaú porque meu pai foi trabalhar na construção de uma nova rodovia. Pela primeira vez na vida aquele homem seria empregado. Fora contratado por uma empresa que estava realizando a obra para o governo, desse modo não era contratado como funcionário, não tinha nenhum direito trabalhista e toda a família estava descoberta de qualquer cuidado de saúde, exceto dos precários serviços oferecidos pelo poder público. Na verdade, mesmo que ele tivesse sido admitido como funcionário, com todos os direitos e regalias, ele não pararia em nenhum trabalho formal. Seu espírito empreendedor fez com que aquele fosse o seu primeiro e último emprego, o qual durou menos de três meses.

Depois do café da manhã com ovos, acompanhei minha mãe até um armazém, que ficava na esquina da rua principal com a ruela. Ela foi pedir crédito ao dono para comprar arroz, feijão, óleo e sal para cozinhar o almoço da família. O proprietário não aceitou lhe vender fiado enquanto ela não provasse que meu pai tinha carteira assinada, um documento em que o empregador registra oficialmente o funcionário. De nada adiantaram suas explicações sobre a nova ocupação de meu pai. Sem emprego formal não existiria a menor possibilidade de ter a confiança daquele homem.

Dois dias antes da humilhação de ter o crédito negado pela primeira vez na vida, minha mãe tinha dado o seu voto de confiança, o que marcaria nossas vidas para sempre. Meu pai decidiu que deveria passar todas as nossas propriedades (dois sítios e várias cabeças de gado) para o nome de um de seus irmãos, para que ele vendesse tudo, pagasse os credores e lhe enviasse o restante do dinheiro. Mamãe foi veementemente contrária a passar tudo para o nome de seu cunhado. Ela pressentia que aquele ato iria trazer grandes sofrimentos à nossa família, mas prevaleceu a teimosia e insistência de seu marido. Para salvar seu casamento, ela decidiu dar uma procuração ao irmão de meu pai. Assim, meu tio tornou-se o proprietário oficial de todos os nossos bens. Com aquele documento, ele podia fazer o que bem entendesse com as nossas posses, sem ter que dar a mínima garantia. Então, entregamos tudo o que havíamos construído durante anos, apenas porque meu pai não conseguia encarar os seus credores.

Nessas condições é recomendado que o devedor procure cada um dos seus credores e renegocie suas dívidas. Para ter sucesso, o devedor deve fazer um plano realista, mostrar as dificuldades financeiras enfrentadas e a impossibilidade de saldar o débito nos prazos esperados. O pedido de aumento dos prazos é a única saída. Os credores podem ficar até inconformados, mas logo percebem que o recebimento do débito, a longo prazo, é melhor do que o calote. Papai tinha a vantagem de ter posses para serem ofertadas como garantia. Porém, aquele homem nunca havia enfrentado a situação de devedor. Acabou sendo vítima de seu próprio orgulho. Ele preferiu fugir a encarar a dívida, a pior estratégia que um devedor pode usar.

Meu tio tratou logo de vender os dois sítios e as cabeças de gado. Apenas com a venda dos animais já seria possível pagar a dívida. No entanto, além de não pagá-la, ele nunca devolveu nada para nossa família. Papai chegou a recorrer ao Poder Judiciário para recuperar parte de seu patrimônio, logrando sucesso inicialmente. Mas sem dinheiro para pagar advogados, ele acabou impossibilitado de cumprir os prazos impostos pela justiça e o pedido acabou sendo arquivado. O pressentimento de mamãe havia se confirmado da forma mais cruel. Fomos roubados por um tio que, a princípio, poderia nos ajudar, visto que era um homem de propriedades. Aprendemos que negócios e família é uma combinação que raramente funciona.

A confiança que o dono do armazém havia negado à minha mãe para que ela pudesse alimentar a sua cria era a mesma que ela fora obrigada a depositar em seu cunhado. Entendemos, assim, que no mundo dos negócios não existe confiança, mas garantias. Ficamos falidos, vendo o dono do armazém crescer em seus negócios, baseando-se no crédito com garantia.

Minha mãe, em seu um metro e meio de altura, nunca foi mulher de ficar se lamentando pelos cantos. Voltamos para a casa de mãos vazias, chamamos as três irmãs e caminhamos até o final da rua principal, onde começava uma mata. Coletamos vários galhos de árvores caídos no chão para usar como combustível no fogão a lenha. Aquela cena iria se repetir por vários meses. Voltamos para casa, acendemos o fogo e cozinhamos mais alguns ovos para o almoço.

Mamãe pegou os nossos documentos e partimos para a escola, que ficava a apenas quatro quadras do nosso casebre, onde eu, Lília e Fátima fomos matriculados. Em Itaú não havia escola de segundo grau. Paulo, meu irmão mais velho, já com 18 anos, havia deixado o seminário e se mudara para a cidade de São Carlos, no Estado de São Paulo, para cursar o primeiro ano do segundo grau. Seria técnico em química. Ele sobreviveu trabalhando como fotógrafo e morando em uma pensão.

Na segunda noite naquele casebre, já estávamos todos encaminhados para a escola, exceto Pedro. Durante seis meses, ele levantou de madrugada para trabalhar em uma padaria. Depois, foi estudar em uma escola agrícola em Jaboticabal para ser técnico em Zootecnia. Ele morava na própria escola, que era pública, e ajudava a cuidar da fazenda.

Na ausência de meu pai e dos dois irmãos mais velhos, eu me sentia o único homem responsável pela manutenção dos interesses da família. A única filha que iria permanecer em casa era Juliane, porque na cidade não tinha educação infantil para crianças menores de sete anos. Mamãe cozinhou os ovos, mas desta vez pudemos comer apenas meio ovo cada um no jantar. Testemunhei uma das maiores dores que uma mãe deve sentir. Os olhos dela se encheram de lágrimas e tristeza ao ver que não existia alimento suficiente para os seus filhos. Além disso, aquela mulher deveria estar pensando o que o seu primogênito estaria enfrentando. Não existe olhar mais apavorante do que o de uma mãe vendo sua prole sentir a dor da fome. Fomos dormir com a barriga emitindo um ronco triste. Infelizmente, aquela não seria a nossa última experiência com a falta de alimento.

No dia seguinte, eu, Lília e Fátima fomos bem cedo para a escola, todos de estômago vazio. Eram quatro horas de aula. No intervalo, serviram sopa de fubá com sal e leite. Comi com gosto, pensando no que minha mãe deveria estar fazendo para matar a sua fome e a da minha irmã caçula. A comida da escola era simples, mas gostosa e nutritiva. Durante muitos meses, aquela sopa da escola seria a principal refeição no dia.

Na sexta-feira, meu pai apareceu com o seu primeiro salário. Tinha conseguido um adiantamento no trabalho, que dava para pagar parte do aluguel do casebre e para comprar arroz, feijão e óleo. Pudemos finalmente ter refeições depois de cinco dias naquela cidade.

O ENGRAXATE

Mamãe e minha irmã mais velha já tinham aprendido a fazer flores artificiais. Elas estavam fazendo planos para ganhar dinheiro, enquanto comíamos, no almoço de sábado, o saboroso arroz com feijão que só as mães sabem fazer para seus filhos. Mamãe falou de uma linda travessa de vidro que vira na loja, a qual poderia ser levada ao fogo. Para ela, poder cozinhar em um recipiente de vidro era o máximo, pois não teria que gastar um bom tempo areando as panelas de ferro. No meio daquela miséria, ela fazia planos para o futuro. Disse que o primeiro dinheiro que ganhasse seria para comprar aquela travessa. Nem parecia aquela mulher que chorava, dias antes, a dor de não poder alimentar os próprios filhos.

Com aquele simples gesto, mamãe estava nos mostrando que precisamos ter fé no futuro e que as dificuldades podem e devem ser vencidas. Ela também estava nos ensinando que devemos sonhar com algo maior do que apenas a luta para manter a sobrevivência. Mais do que isso, o gesto de mamãe apontava o caminho para concretizar os nossos sonhos e vencer as barreiras: o trabalho.

Percebemos que não seria possível viver com dignidade apenas com os rendimentos de papai. Tínhamos que agir. Lília aproveitou o final de semana para arrumar serviço na casa de um gerente da fábrica. Depois da escola, ela ia limpar o invencível pó daquela residência, com um alpendre, amplo quintal e longo corredor. Lília ainda não havia completado os dez anos de idade e já ajudava no orçamento familiar.

Lembrei-me do olhar de esperança de minha mãe e de sua vontade de ter uma travessa de vidro que vai ao fogo. Fui então explorar as oportunidades de trabalho. O que uma criança de oito anos poderia fazer para ganhar dinheiro em um mundo urbano desconhecido? Percebi que os funcionários da fábrica gostavam de ter seus sapatos engraxados. Os dois bares na frente da porta da entrada da fábrica ficavam cheios de homens, ávidos para ver os sapatos brilharem no meio de todo aquele pó. Existia até fila de fregueses para engraxar os sapatos.

Prestei atenção em todo o material que os engraxates usavam para atender a clientela. Passei em um mercado de verduras e pedi ao proprietário, um simpático senhor de ascendência japonesa, algumas madeiras de caixote que seriam jogadas no lixo. Fui para o quintal de casa, peguei o serrote de papai e cortei as tábuas.

No final de uma tarde de trabalho, tinha uma caixa de engraxate meio desengonçada. Agora, precisava conseguir três escovas para lustrar sapatos, uma lata de graxa preta, uma marrom e uma incolor. Também precisava de três escovas de dente usadas para passar as graxas nos sapatos. Finalmente, iria precisar de pedaços de flanela, para dar lustre. Era um conjunto para cada cor de sapato. No final da aula de segunda-feira, passei no consultório de um dentista, expliquei meu plano e pedi algumas escovas de dente usadas. Parei na alfaiataria de um senhor elegante, alto e magro, repeti a informação e pedi alguns pequenos retalhos de flanela. Fui a uma loja que vendia lindas escovas e as graxas de que precisava. Verifiquei que seria necessário um bom investimento, para os padrões do bolso de um menino falido, para comprá-las.

Já havia presenciado o fracasso do pedido de crédito de minha mãe. Sabia que o dinheiro só é emprestado para quem tem garantias a oferecer e capacidade de efetuar o pagamento da dívida. No dia seguinte, depois da aula, peguei a minha caixa de engraxate com as escovas de dente e as flanelas e voltei para visitar o vendedor de graxas e escovas. Era um senhor bonachão, de cabelo grisalho. Mostrei ao vendedor o resultado parcial de meus planos. Arrisquei, então, fazer-lhe a minha proposta. Ele me daria três latas de graxa e três escovas e, em troca, eu engraxaria os sapatos de toda a família dele pela metade do preço, até pagar todo o investimento. Lembro-me que o homem sorriu, mostrando algum ouro nos dentes caninos. Disse que minha proposta era interessante, mas sua família não tinha tantos sapatos assim.

Eu sabia que não podia falhar. Respirei fundo e lancei a minha segunda proposta. Pedi a ele que me vendesse uma lata de graxa preta e uma escova e que lhe pagaria assim que ganhasse o dinheiro. Em troca, engraxaria o sapato dele gratuitamente, enquanto não fizesse o pagamento. Tinha a convicção de que o sorriso de ouro não iria negar crédito para um freguês que estava não apenas mostrando motivação para o trabalho, mas também apresentava um plano realista e com perspectivas de vantagem adicional ao vendedor. Na minha proposta havia também um desafio. Quanto mais demorasse a pagar o vendedor, mais sapatos dele eu teria que engraxar gratuitamente. Não acreditei quando vi aquele homem se dirigindo à prateleira, onde estavam as latas de graxa.

Não poderia levar não para a casa, principalmente quando precisava desesperadamente do sim. Mas o meu sucesso estava em perceber que era preciso aprender a lutar pelo sim. Antes de entrar na loja, pensei muito no meu plano e tratei logo de convencer, em primeiro lugar, minha alma de que não poderia existir espaço para a falha. Senti uma forte emoção tomando conta de todo o meu corpo e uma onda de certeza varreu minha pele dos pés à cabeça. Acho que essa confiança de que atingiremos os nossos objetivos é o que chamamos de acreditar. Agora precisava de determinação e muita obstinação para fazer meus planos renderem frutos.

Despedi-me do vendedor dizendo que não iria decepcioná-lo. Antes de voltar para casa, precisava pôr em ação o meu plano. Coloquei a caixa de engraxate nas costas, acomodada entre a clavícula e a escápula direita, e fui para frente do portão principal da entrada da fábrica. Um homem, ainda moço me chamou do outro lado da rua. Parti em disparada em direção ao freguês, cruzei rapidamente a rua e, ainda ofegante, me aproximei. Ele estava em pé, encostado na parede externa do bar. Coloquei a caixa de engraxate no chão, a uma distância suficiente para que ele pudesse descansar o pé sobre o pedal da caixa. O meu primeiro cliente tinha um sapato daqueles sem cadarço, que estava bastante sujo. A minha ansiedade era tamanha que demorei a perceber que o sapato dele era marrom.

Expliquei para ele o meu plano e disse que havia conseguido apenas uma lata de graxa preta, que não poderia ser usada no sapato dele. O moço tinha cabelo loiro com uma grande entrada na testa. Aparentava 25 anos, com um forte sotaque caipira, denunciando ser ele também mais um imigrante do campo. Pedi desculpas e me propus a limpar o sapato dele. Mário ficou solidário com os meus projetos. Perguntou se eu faria para ele a primeira proposta que fizera para o dono da loja. Ele compraria a graxa marrom e a escova e eu pagaria o investimento engraxando o sapato dele.

A loja ficava a apenas dois quarteirões da porta principal da fábrica. Mário, meu primeiro e generoso cliente, foi comigo até a loja e comprou a escova e a lata de graxa marrom. Ali, na frente da loja, atendi o meu primeiro freguês. Logo descobri que Mário estava mais preocupado em saber sobre a minha capacidade de ler e escrever, do que em ter o sapato brilhante. Disse-lhe que já conseguia ler e escrever algumas palavras. Então, ele tirou uma carta do bolso e pediu para que eu lesse. Era uma letra muito bonita e escrita com bastante capricho. Pude ler a carta sílaba por sílaba. A minha leitura parecia mais um gaguejar... "meeeu qqqquerirido Mááriio". Creio que, ao final da leitura, Mário pôde entender quase tudo o que estava escrito na carta. Despedi-me dele sem saber que ali estava nascendo uma amizade por motivos que jamais deveriam existir em uma sociedade.

Voltei para frente do bar e consegui mais três fregueses, antes de voltar para casa. Ao passar na frente da mercearia do crédito negado, lembrei-me que mamãe dissera que estávamos precisando de sal. Entrei e comprei um quilo de sal refinado. Cheguei em casa radiante de felicidade.

Contei para minha mãe tudo o que havia feito e dei a ela o sal. Mamãe me abraçou fortemente e, chorando, me disse "meu filho você ainda é uma criança". Pedi para ela não se preocupar porque faria daquele trabalho um momento de diversão. Falei para ela das histórias interessantes que havia ouvido de meus fregueses e, em especial, do interesse de Mário na minha habilidade de ler. À noite, comemos um arroz bem temperado com tomate. Até hoje, adoro comer arroz com rodelas de tomate bem vermelhas, temperadas com pitadas de sal.

Começava, então, a criar uma rotina na minha vida. Levantava cedo, ia para a escola, chegava em casa e almoçava. Fazia as lições dadas pelas professoras, enquanto ajudava a cuidar de minha irmã mais nova. No final da tarde, pegava a caixa de engraxate e ia para frente dos bares à procura de meus fregueses.

Havia aprendido a ganhar dinheiro naquela cidade, mesmo sem saber ainda ler e escrever com fluência. Os sábados à tarde e domingos de manhã eram os dias de maior movimento e as pessoas se concentravam principalmente nos bares em frente da porta da fábrica. Não perdia uma única oportunidade para ganhar um pouco mais de dinheiro. No primeiro domingo como engraxate, cheguei em casa com um frango vivo que havia comprado de um vendedor na frente da porta da fábrica. Depois de duas semanas naquele casebre, pudemos almoçar um delicioso frango cozido no fogão a lenha.

Na segunda-feira seguinte já tinha dinheiro para pagar a lata de graxa preta e a escova. Peguei a caixa de engraxate e fui à loja do senhor de sorriso de ouro. Engraxei os sapatos do vendedor e paguei meus compromissos, agradecendo a confiança que ele havia depositado em mim. Aproveitei para comprar mais uma lata de graxa incolor e uma escova, que seria usada para essa cor de sapato. O vendedor, então, me surpreendeu, oferecendo-me mais crédito. Ele não aceitou receber o pagamento pela nova aquisição.

Pediu para que eu voltasse na semana seguinte, para engraxar seus sapatos e da família. Ofereceu-se para aceitar minha primeira proposta. Firmei o meu primeiro contrato de prestação de serviço. Havia conquistado para sempre a confiança daquele homem.

Sempre que precisava de material para engraxar, bastava passar em sua loja e pegá-lo, mesmo se não tivesse com o dinheiro para pagar na hora. Compreendi que um histórico de bom pagador pode ser usado como garantia no mundo dos negócios.

Voltando para casa, passei em frente à loja da travessa de vidro que vai ao fogo, o alvo de cobiça de minha mãe. Era mesmo linda, de um formato arredondado nas pontas. Comprei a travessa e pedi para a vendedora embrulhar em um papel de presente. Era o primeiro presente que daria para minha mãe. Ela e minhas irmãs prepararam um delicioso arroz de forno. Colocaram uma camada de arroz cozido na travessa, seguido de uma camada de molho de carne moída cozida com pedaços pequenos de cenoura, vagem, milho verde e massa de tomate. Sobre o molho, colocaram mais uma camada de arroz cozido, coberta com fatias de queijo. Na cabeceira e na parte de baixo do fogão a lenha, havia um forno de ferro que foi aquecido pelo fogo do fogão. Mamãe levou a travessa ao forno quente. Para nós, começava a era do vidro temperado.

A travessa destoava de tudo que havia em casa. Perto dos pratos de esmalte e dos talheres e panelas de ferro, aquela travessa era moderna e futurista. Depois do almoço, fomos todos ver como era fácil lavar a travessa. Tínhamos então estabelecido um padrão estético e de conforto que iríamos almejar e lutar para alcançá-lo.

Aprendemos uma das mais importantes lições para sair de uma situação de dificuldade: precisamos estar bastante indignados com ela. Em nosso caso, não aceitávamos, em nenhuma hipótese, aquela situação material de penúria que o destino havia reservado à nossa família. Qualquer um poderia ler nos nossos olhos a inconformidade e a vergonha de estar vivendo naquela condição. Nunca nos conformaríamos e aceitaríamos viver sem dignidade. Aquele casebre alugado, infernizado pelo trem de ferro cheio de riqueza de calcário, não era digno para abrigar nossas vidas. Tampouco, poderíamos viver apenas para satisfazer nossas necessidades biológicas. Era preciso sonhar. A travessa de vidro representava, naquele momento o novo, o útil, o moderno, o prático, o bonito, enfim a vida melhor que queríamos ter.

Vários estudos demonstram que o animal, quando submetido a condições materiais desfavoráveis por longo tempo, acaba se acostumando com as privações. Pior, ele deixa de responder e se torna apático e conformado. Jamais me lembro de um único momento em que nos demos ao luxo de esmorecer frente às adversidades. Perdemos nossas posses, perdi o controle temporário sobre os meus monstros, mas ninguém poderia tirar de nós a vontade de dar a volta por cima e vencer. Aos poucos, a esperança foi se revelando ser maior do que o medo e voltei a ter controle sobre os meus monstros projetados na parede. Também aprendi a conviver com o barulho do trem no meio das madrugadas. Por mais que ele apitasse, meu ouvido já não o ouvia quando eu estava dormindo. Soube mais tarde, que o nosso corpo possui essa incrível capacidade de filtrar informações indesejadas.

Assim era a vida de minha família naquele momento. Estávamos falidos, sem crédito e lutando desesperadamente para comprar comida e satisfazer as nossas necessidades básicas. Porém, tínhamos um plano. Queríamos viver com dignidade. A simplicidade da vida da chácara estava ficando para trás. Queríamos mergulhar na modernidade do vidro temperado e de novas facilidades que iríamos conhecer.

Mas nada na vida vem fácil. Logo percebi que precisava fazer algo mais para conquistar nova clientela, se quisesse continuar engraxando sapatos. De repente, comecei a ver engraxates chegando de vários lados para disputar clientes. Havia cometido um erro muito comum entre aqueles que abrem um negócio. Esqueci que o mercado é dominado pela competição. Depois de um mês engraxando sapatos, o número de meus clientes estava estacionado e não conseguia aumentar os meus ganhos.

Tinha que me destacar dos demais engraxates se quisesse sobreviver naquele mercado competitivo. Comecei a usar uma cartolina descartável, colocada entre o sapato e a meia. Assim, evitava a principal reclamação de alguns deles, a frustração em ver a meia suja de graxa. Usando a escova de dente, passava a graxa em todo o sapato, tomando cuidado para não deixar nenhuma parte descoberta. Sempre gostava de começar a engraxar pelo sapato direito, uma espécie de superstição. Enquanto a graxa do sapato direito secava, começava a distribuí-la no sapato esquerdo. Depois iniciava o lustre com a escova de pelos fartos. Quando o brilho já era abundante, passava uma leve camada de graxa com os dedos sobre o sapato. Prendia cada ponta da flanela entre os dedos e a palma da mão e deslizava o tecido sobre o sapato, fazendo movimentos em forma de batuque. O som do batuque da flanela deslizando no sapato era acompanhado de uma frase que ouvi de um cliente "engraxate americano, passa a graxa, passa o pano pro freguês ficar babando".

Em quinze dias, todos os engraxates já estavam usando a cartolina descartável entre o sapato e a meia. O batuque também havia sido copiado e a minha voz, desafinada para o canto, não atraía muita atenção. Era hora de inovar mais uma vez. Peguei um tubo de plástico, que era usado como spray de desodorante. Enchi o frasco com água e um pouco de sabão em pó. Comecei a lavar os sapatos com aquele líquido, antes de começar a engraxá-los. Jogava pequenas gotas do líquido no sapato para depois escová-los e lustrá-los com a flanela. Divulguei para os outros engraxates que existia uma fórmula mágica no líquido, que dava o brilho especial nos sapatos. Nunca contei para ninguém a fórmula da água com sabão em pó. Havia aprendido que para inovar, se destacar, às vezes não era necessário muito esforço. Porém, o segredo de um bom negócio, mesmo que simples, deve gerar resultados positivos e ser guardado a sete chaves. Durante todo o tempo em que fui engraxate, não tive mais dificuldade em encontrar fregueses.

A vida parecia melhorar. Fátima e mamãe ganhavam dinheiro vendendo lindas flores artificiais. Particularmente, nunca gostei das flores artificiais, porque me lembram a natureza de Itaú, sufocada por aquele pó. Lília ganhava dinheiro limpando casa e eu engraxando sapatos. Eu tinha uma nova caixa de engraxate, feita por um caprichoso marceneiro, que colocou até uma tampa nela. Papai não ganhava muito, mas pagava a maioria das despesas. Depois de três meses, já tínhamos comprado alguns utensílios. Então papai chegou do trabalho, no final da tarde de uma sexta-feira, todo chateado e cabisbaixo. Ele fora demitido da empresa, que acusava o governo de não cumprir o contratado para construir a estrada.

A SOLIDARIEDADE

Definitivamente aquele homem não havia nascido para ser empregado. Papai demorou quase dois meses para recomeçar a ganhar dinheiro naquela cidade. Foram os meses de maior carência que enfrentamos. Durante esse tempo, tivemos que apertar ainda mais os cintos e, muitas vezes, deixamos de comprar comida para pagar o aluguel do casebre. Estávamos sentindo na pele o preço do maior erro que um pai arrimo de família pode cometer... perder a sua moradia própria. De donos de um paraíso, nos tornamos locatários, labutadores que vivem para pagar o aluguel para poder morar na propriedade do outro. O primeiro plano de uma família deve ser o de ter a casa própria. Minha família viveu anos com a insegurança e com o receio de que o proprietário pudesse pedir o imóvel a qualquer momento. Não é por outra razão que durante anos ouviria minha mãe fazer planos para readquirir a sua casa própria.

Após um mês que o papai havia perdido o emprego, aponta na porta de casa a tia Luzia. Ela conseguia ser ainda menor do que mamãe. Era casada com o irmão mais velho de meu pai. Tio José se tornara um dos maiores fazendeiros da cidade de Passos e trocou a sua família por outra. Apesar disso, todas as manhãs, durante anos, tio José saía de sua segunda casa bem cedo, passava na padaria e comprava quitutes para alimentar toda a sua primeira família. Ele nunca deixou faltar nada para tia Luzia e seus filhos, que viviam em uma casa espaçosa. Quando chegou a nossa casa, ela carregava em cada uma das mãos duas sacolas cheias de alimentos dos mais gostosos. Encontrou toda a nossa família sem ter sequer café para oferecer a ela. Estávamos literalmente vivendo à míngua.

A cena daquela mulher de tamanho de criança, carregando duas fartas sacolas para ajudar meu pai a alimentar a nossa família, iria se repetir durante vários anos. Havíamos sido literalmente assaltados por um irmão de meu pai e ignorados por outros de boas posses, como tio José. No entanto, no momento de nossa maior necessidade, coube a uma ex-cunhada de meu pai a função de nos lembrar que dentro do ser humano pode existir a solidariedade. Tia Luzia talvez seja a alma mais generosa que conheci em minha vida. Sua generosidade não era medida pelo conteúdo das sacolas que carregava para dentro de minha casa, mas pelos seus abraços, seus beijos e pelo tempo que compartilhava conosco, quando fomos abandonados ao relento.

Madre Tereza de Calcutá certa vez nos ensinou que quando damos algo aos outros queremos, na verdade, agradar a nós mesmos. As visitas da tia Luzia pareciam se enquadrar nessa definição. Ela radiava alegria por estar ali, servindo o outro. O meu tio de sangue, seu ex-marido, tinha a caminhonete mais moderna da cidade. Porém, para tia Luzia cumprir os seus desejos e nos alegrar, ela pegava um ônibus em Passos e ia até Itaú. Entre as casas e as rodoviárias das duas cidades ela tinha que caminhar a pé pelo menos três quilômetros. Amei verdadeiramente essa mulher que morreu idosa e completamente cega e surda.

Era começo de dezembro em Itaú. Já estava em férias escolares quando Mário, o meu freguês fiel, bateu na porta de casa. Logo vi que ele estava muito triste. Recebido por minha mãe, Mário pediu que ela me deixasse ir até a casa dele engraxar seus sapatos. Peguei a caixa e fomos. Na verdade, Mário não tinha casa. Alugava um quarto nos fundos de uma pensão. Chegando lá, levantou o colchão e pegou duas dezenas de cartas. Eram todas de uma mesma remetente, sua namorada. Ao final de meu segundo ano escolar, já conseguia ler e escrever com fluência.

Mário então me contou a sua angústia de quase um ano. Sua namorada reclamava porque ele nunca respondia suas cartas. A cada correspondência recebida, ele ia até a central telefônica da cidade e ligava para a amada. Mas a moça não entendia porque ele não as respondia. Mário não tinha sapatos a serem engraxados. Ele tinha apenas o par de sapatos marrom que usava nos pés, os quais ainda mostravam um brilho remanescente da última engraxada que eu havia feito há menos de dois dias. Ele tomou coragem e confessou que não sabia ler e escrever e essa era a razão de ele não ter respondido as cartas. Pediu que eu lesse todas elas. Cada uma era cheia de declarações de amor, terminando com o pedido “me escreva”. Eu era muito novo para entender o significado da paixão dos adultos. Em uma das mensagens, ela falava da saudade dos lábios de Mário. Ele chorava feito uma criança com as declarações da amada. Cheguei a ficar com inveja dele. Não sabia que uma mulher seria capaz de atingir, mesmo à distância, a alma de um homem. Sempre sonhei em encontrar uma mulher que me fizesse chorar como criança com declarações de amor.

A partir daquele dia, me tornei o confidente daquele homem iletrado. Depois da leitura de todas as cartas, ele me pediu para que escrevesse uma carta para a amada. Não sei qual o segredo que ele usou para conquistar o coração daquela mulher, de letra linda e frases que fazem qualquer homem chorar de amor. Mário, além de não saber escrever, não sabia formular frases românticas. Após mais de uma hora de tentativa, resolvi escrever do meu jeito. Ensinei Mário a copiar o seu nome no final da carta. Durante seis meses, escrevi para Isabel, a namorada de Mário. Ele me prometeu que iria aprender a ler e escrever. Enquanto lia e escrevia para ele, tentava ensiná-lo o que havia aprendido na escola. Esse homem de forte sotaque caipira perdeu o emprego na fábrica e mudou para outra cidade. Nunca mais tive notícia do homem generoso que me ajudou a comprar a primeira lata de graxa marrom.

O ARREPENDIMENTO

Era o nosso primeiro Natal em Itaú. Na noite que iria dar lugar à manhã de Natal, eu e minha irmã mais nova colocamos os sapatos atrás da porta de entrada do nosso casebre. Diziam que, se fizéssemos isso, Papai Noel iria deixar presentes para nós. Não quis destruir as fantasias de minha irmã menor, mas sabia que o meu pai não era de dar presentes, muito menos quando estava desempregado e sem renda. O dia 25 de dezembro amanheceu com muitas crianças na rua, se divertindo com seus brinquedos e seus pais. Senti uma grande vontade de ter ganhado um presente. Confesso que, pela primeira vez na vida, minha alma foi tomada por uma grande tristeza de ser filho de pobres.

Fui para o quintal, peguei o facão que meu pai usava para bater nos filhos e saí em direção à mata, para procurar um galho de árvore em formato de "Y", daqueles que os meninos usavam para fazer estilingue. Escolhi uma boa forquilha, peguei um velho pedaço de borracha de uma câmara de ar de roda de caminhão e outro de couro. Fiz um lindo estilingue e fui para o quintal tentar matar alguns pardais, os únicos pássaros abundantes naquela cidade. Porém, esses pássaros urbanos eram muito ariscos para serem pegos por uma pedra lançada por um estilingue de menino.

De tanto regar o pé de mamão no quintal de casa, ele resolveu soltar uma linda flor. Um beija-flor tentava tirar o seu néctar. Jamais imaginei que pudesse acertá-lo em pleno voo, quando disparei a pedra de meu estilingue. Nunca senti tanto remorso na vida ao ver aquele belo pássaro estendido no chão. Diziam que quem matasse um jamais passaria de ano na escola. Estava acostumado a matar frangos, patos e até leitoas para vender e comer. Mas a morte do beija-flor foi totalmente gratuita. Rezei muito e pedi muitas desculpas a Deus por aquela violência sem motivo. Enterrei o pássaro no quintal e, quando voltei para dentro de casa, minha irmã mais nova estava brincando de faz-de-conta com duas colheres. Peguei um sabugo de milho, rasguei um pedaço de tecido velho que servia de tapete e ajudei minha irmãzinha a fazer uma boneca.

O MASCATE

Fomos dormir sem presentes, com o papai falando de sua intenção de ter um açougue. Eu ficava empolgado e cheio de esperança toda vez que o ouvia fazer planos para o futuro. À noite, na parede do quarto, vi suas ideias se materializarem, muito além da forma com que ele sonhava. Como um herói, ele vencia todas as dificuldades e se tornava o dono de um grande açougue, tirando sua família da miséria.

No dia seguinte, fui com papai em um sítio próximo da cidade. Ele comprou uma porca para matar e vender. A negociação com o dono da porca foi rápida. Em menos de uma hora o animal estava morto e dentro de uma charrete, pronto para ser transportado para o quintal do casebre.

Papai e eu começávamos uma nova carreira: de mascate. Como um grande mestre em anatomia, em pouco tempo ele transformou aquele animal em peças de carne, prontas para o consumo. Coube a mim a tarefa de ofertar na vizinhança a carne de porco fresca. A demanda era muito grande e não custou muito para angariar freguesia que consumiu todo o animal. Restou para nós a suã e o sangue, que foi usado para fazer chouriço. No jantar, comemos pedaços de carne que eram retirados das vértebras assadas com chouriço.

Dávamos início à descoberta do caminho para ganhar dinheiro, atuando no mercado informal de uma pequena cidade. Papai delegava a mim a habilidade de calcular mentalmente todos os custos e se divertia com a rapidez com que eu fazia contas. Como um caçador que aprende um novo truque para pegar a sua presa, repetiríamos por alguns anos o ritual de transformar um porco vivo em alimento e este em dinheiro.

Ele também resolveu transformar a carne em linguiça, para aumentar os lucros. Estava descobrindo que um mesmo produto (no caso a carne do porco) poderia render mais dinheiro se fosse processada (aqui transformada em linguiça). A carne era misturada com o tempero, uma pasta de alho, cebola e pimenta-do-reino, e moída em um triturador manual. Para fazer a tripa, o dorso de uma faca era aplicado ao longo do trajeto da víscera, estendida sobre uma tábua, até sobrar uma fina camada transparente. Então, a carne temperada era forçada para dentro das tripas, usando-se o mesmo moedor, agora com um funil acoplado na extremidade. Papai se alegrava com aquele trabalho. O estado de melancolia daquele homem, acostumado a ser um vencedor e agora submetido a uma vida de privação, começava a dar sinais de mudança. Aquela atividade informal nunca poderia ser feita em grande escala, porque as autoridades sanitárias não aceitariam. De qualquer forma, ganhamos dinheiro suficiente para pagar o aluguel do casebre durante meses, com a produção informal de linguiça de porco.

Logo percebemos que poderíamos comercializar outros animais, como frango caipira. Usando folhas de milho, fazíamos uma peia – uma fita amarrada nas duas extremidades. Enrolávamos a mesma nos pés dos frangos, imobilizando-os. Passava o braço de menino por entre a peia e as pernas da ave, até encaixá-la nos ombros. Colocava um em cada lado do corpo e saía na rua para vendê-los.

Naquela época, sentia uma dor terrível nas duas panturrilhas, que aumentava com as longas caminhadas. Quando saía para vender os frangos, às vezes sentava na sarjeta para descansar e esperar a dor aliviar um pouco. Procurava um lugar mais movimentado, tirava as aves do ombro, deitava-as na sarjeta, prendendo-as nas peias. Ficava sentado, oferecendo-as para qualquer freguês que parecesse um possível comprador. Não perdia tempo com as moças novas e as crianças, porém era assertivo com os senhores com cara de funcionário da fábrica. "Ao frango caipira", gritava para os clientes. Eles adoravam esses trocadilhos. Se abrissem espaço para a conversa, ia logo emendando: "Senhor, apenas o frango é caipira, o senhor tem cara de doutor".

Em 1969, naquela cidade e no resto do mundo, não se falava em outra coisa senão a tentativa dos americanos de descer na Lua. Lia na biblioteca da igreja todas as edições da revista O Cruzeiro. Na escola, não perdia um único detalhe das aulas sobre os planetas e a lua. Sempre chegava uns 20 minutos atrasado em casa, porque ficava conversando com o meu colega de classe Gilson sobre como seria o Universo e como poderíamos inventar novos remédios.

No dia 20 de julho de 1969 recebemos a visita da tia Flauzina, irmã de minha mãe, que morava em Passos. Convenci papai a me deixar ir para a casa da minha tia. Fui assistir, em sua TV preto-e-branco, à águia americana, o módulo lunar da Apollo 11, pousar na Lua. Como podia ver ali, na minha frente, algo que estava acontecendo a milhares de quilômetros de distância? Estava testemunhando um dos maiores feitos do homem. Neil Armstrong desceu na Lua, deu o primeiro passo no solo lunar e disse "um pequeno passo para um homem, um salto gigantesco para a humanidade". Aquela frase, ouvida por mais de um milhão de espectadores, influenciaria para sempre a minha vida. Naquele momento, entendi que não poderia ser apenas mais uma testemunha das grandes transformações. Nascia ali o desejo e determinação de ajudar a humanidade a dar passos colossais.

No dia seguinte, disse para o papai o que havia visto na televisão e quais eram os meus sonhos. Ele sorriu com deboche: "Você é mais um desses bobos que acreditam que o homem possa um dia pisar na Lua". Aquele homem criado no mato nunca acreditou que os americanos foram para o espaço. Para ele, tudo não passava de propaganda. Papai me aconselhou a parar de sonhar e pensar mais na venda das mercadorias. Diz o ditado popular que nunca se deve ensinar um truque novo para um cachorro velho. Dei de ombros para a ignorância dele, sem afrontar a sua autoridade e suas crenças. Meus dois anos de escolaridade já eram suficientes para criar um fosso muito grande entre nossas visões de mundo.

Papai estava certo em um detalhe: precisava me concentrar no mundo real que teria que enfrentar todos os dias. Os passos de Neil Armstrong e Edwin Aldrin na Lua não iriam diminuir nossas dificuldades de sobrevivência. Do espaço eles viram uma Terra redonda e azul, mas em Itaú de Minas vivíamos sob a névoa do pó. A alta tecnologia que colocou aqueles homens para fazer e mudar a história da humanidade, não modificaria a minha forma de engraxar sapatos e de vender as mercadorias na rua. Tinha que continuar lutando para ter uma vida material melhor. Porém, estabeleci para sempre que o mundo do conhecimento era o caminho que deveria seguir.

O PRECONCEITO

Era hora de voltar para a rua e continuar a ganhar a vida. Já havia entendido que os urbanos têm um certo preconceito com as pessoas do campo, os chamados caipiras. Um dia, saí vendendo frango e cabide. Em um ombro, coloquei dois frangos caipiras e, no outro, uma dúzia de cabides, feitos de madeira para pendurar roupas no armário. Quando passei em frente da casa de um senhor rico, sua filha, que tinha a minha idade, estava saindo no portão e gritou, apontando o dedo para mim "mamãe, olha que feio aquele menino vendendo frango e cabide". Aquela menina estava apenas manifestando o preconceito que certamente ouvira dentro da própria casa. O triste fato é que alguns tipos de trabalhos são sinônimos de pobreza e pode ser humilhante exercê-los em público.

Confesso que o comentário daquela menina de classe elevada me colocou na defensiva. Caminhei cabisbaixo por mais de três quadras. Já não tinha entusiasmo para ofertar os meus produtos. Devia mesmo estar parecendo ridículo, como um palhaço, carregando produtos sem nenhuma lógica de mercado. Quem precisaria de duas mercadorias tão distantes na escala das necessidades humanas? Porém, não tinha opção a não ser trabalhar. Deveria vender pelo menos os dois frangos antes de voltar para casa. Já passava de meio-dia, o estômago começava a roncar e ainda não havia vendido nada. Não poderia voltar assim. Papai me obrigaria a retornar para rua e perderia o descanso da tarde de domingo. Lembrei-me do meu lema de não levar "não" para casa. Coloquei os frangos e os cabides no pescoço e rumei em direção à rodoviária. Saí na rua gritando “ao frango... cabide”. Logo atraí a atenção dos compradores e lá se foram os dois frangos. Na rodoviária, consegui vender metade dos cabides.

Mais tarde, entendi que os trabalhos mais simples são os menos remunerados. Esse tipo de preconceito contra o trabalho humilde é um dos traços de maior ignorância de algumas sociedades. Por várias vezes me deparei com pessoas, que nutridas pela presunção, não aceitaram exercer um trabalho humilde. Outras, entregavam-se ao medo irracional do julgamento alheio, crendo que poderiam ser condenadas pelos olhos de seus semelhantes. No ambiente de trabalho, esse preconceito geralmente vem acompanhado da frase: “não é minha função” ou “não fui contratado para fazer isso”.

As escolas ensinam as crianças a fazer trabalhos singelos, como plantar uma árvore, limpar uma roupa, tratar de um animal ou mesmo catar e jogar um lixo no cesto. Mas fora dos muros escolares, em algumas sociedades, esses trabalhos não podem ser realizados aos olhos de nossos pares. O desrespeito com o trabalho humilde é tanto que, às vezes, um adolescente se recusa até mesmo a colocar o lixo na rua, com medo de que “os outros” possam vê-lo e desaprovar.

Conheci muitas pessoas que perderam grandes oportunidades na vida porque tiveram vergonha de dar o primeiro passo, se recusando a exercer um trabalho humilde e simples. Se tivesse nascido em uma sociedade onde as crianças são obrigadas a limpar a escola e a ajudar a preparar o próprio alimento, talvez o comentário daquela menina tivesse sido outro: "Mamãe, que bonito aquele menino tentando ganhar a vida honestamente". Essa menina se tornou mãe e vive com grandes dificuldades financeiras. Ela não aceita, não sabe e acha que não deve exercer um trabalho humilde. Pior, ela tampouco encontra um trabalho qualificado, porque não se preparou para ele. Ela vive com a filha, sem uma ocupação, a reclamar do destino que lhe parece cruel. Não percebe que o seu medo está lhe privando da oportunidade de procurar e lutar por uma vida melhor.

Quando soube da vida de dificuldades que ela estava vivendo, tive vontade de procurá-la e contar-lhe a história do "frango-cabide", que vivenciamos há quase quatro décadas. Se encontrasse essa mulher, gostaria de lhe contar o quanto aprendi com a experiência de vender dois produtos tão distintos, expandindo minhas habilidades e flexibilidades de vendedor. Queria lhe falar que para Neil Armstrong dar os primeiros passos na Lua foi necessário a realização de muitos trabalhos humildes.

Enfim, o preconceito daquela menina me ensinou que não podemos ter medo, receio ou vergonha de realizar qualquer trabalho. Era hora de voltar para casa. Passei na frente de um bar e vi, rapidamente, em uma TV preto-e-branco, lances geniais do rei Pelé. Almocei e fui tentar desfrutar a minha tarde de domingo. Chamei alguns colegas da vizinhança e fomos jogar bola na rua de cima. Era muito gostoso poder estar ali, correndo atrás de uma bola com a molecada. De repente, papai apontou na rua, me pegou pela orelha na frente de todos os colegas e saiu, me dando tapas nas nádegas. Ele gritava que a rua não era lugar de menino. Quando consegui soltar de suas presas, saí correndo em disparada ao casebre e fiquei debaixo do lençol o resto do dia.

Não entendi como papai poderia ser tão injusto comigo. Se a rua não era o meu lugar, por que ele me mandava para lá para vender as mercadorias? Se a rua não era para menino, por que poderia sair livremente por ela em busca de meus clientes para engraxar sapatos? A partir daquele momento, a admiração e o orgulho que sempre nutri pelo meu pai, mesmo nos momentos de grandes dificuldades, começavam a ser minados. Pensei na sua origem, na família numerosa, na orfandade materna da sua infância, na frustração de viver na miséria. Mas não conseguia entender como ele podia ser tão insensível às necessidades de uma criança de ter o seu momento de brincadeira. Comecei a procurar outro modelo de homem que gostaria de ser. E não deixei que a minha frustração com o comportamento injusto dele afetasse a minha determinação de continuar lutando por uma vida melhor ao seu lado e ao lado de minha família.

O SORRISO FÁCIL

Chegaram as férias de meio de ano e com ela a Copa do Mundo de 1970. Eu já havia comemorado uma década de vida. Assisti aos jogos na casa de um colega de escola e pude ver cada vitória da seleção canarinho. Pelé, Tostão, Jairzinho, Rivellino... eu ficava maravilhado com os lances geniais do time do sonho. Não sabia que estava assistindo ao melhor futebol-arte de todos os tempos em preto-e-branco. Todas as crianças da escola queriam ser um Pelé. Eu sempre gostei de jogar bola, mas o meu sonho era ser um Neil Armstrong e explorar novos universos. Quando nos consagramos campeões, toda a cidade saiu na rua para comemorar. Até papai, que sempre detestou futebol, saiu na rua para ver a banda passar. Ao final das celebrações, abracei meu pai e lhe agradeci por ter me deixado assistir aos jogos na casa de meu colega. Em sete de setembro, dia que se comemora a Independência do Brasil, minha classe desfilou vestida de seleção brasileira e eu me vesti de Félix, o goleiro da seleção campeã.

Logo depois, mudamos daquele casebre para uma casa um pouco melhor, em uma rua sem pavimento, mas tranquila. Papai alugou uma sala na rua principal e abrimos um mercadinho para vender verduras e frutas. Usando pneus de bicicletas, ele construiu um carrinho puxado por dois travessões, para que eu vendesse as verduras e frutas na rua. Ele me ajudava a distribuir cuidadosamente a mercadoria naquele carrinho, que mais parecia uma pequena charrete. A única diferença era o tamanho e o fato de uma ripa travar os dois travessões na frente. Como um pônei, me colocava entre eles, apoiava a ripa no peito e saía, tracionando aquele carrinho enfeitado de verduras e frutas pela rua. Ia de porta em porta vender as mercadorias.

A minha freguesia morava nas melhores casas da cidade, situadas em uma vila que iniciava na fábrica e se estendia até o campo de futebol. Os gerentes e diretores moravam nas melhores casas e suas esposas eram as minhas freguesas prediletas. Logo a clientela se mostrou generosa comigo. As donas de casa tinham frutas e verduras frescas na porta todos os dias de manhã. Gostava quando alguma delas me pedia para ajudar a levar as mercadorias até a cozinha da casa e ficava encantado com os equipamentos e utensílios que via. Quando podia, dava uma espiada nas janelas abertas e namorava rapidamente os lindos lençóis, cobertas e travesseiros sobre as camas. Não via aquela riqueza com olhos de inveja, mas como uma referência que deveria almejar. O vidro temperado e o luxo que via naquelas casas se tornaram definitivamente o meu padrão de consumo. Desde então, não resisto à compra de um equipamento ou produto que possa trazer modernidade para a minha casa.

Para chamar a atenção da freguesia, gostava de criar frases de efeito de duplo sentido: "Ao queijo fresco", "Ovo e uva boa". Logo fiquei conhecido como o garoto vendedor ambulante muito bem-humorado. Assim, aprendi que um bom mascate precisa, acima de tudo, vender bom humor. O comprador precisa associar a aquisição de um produto à alegria do vendedor. É como se o comprador, ao adquirir a mercadoria, levasse para casa a esperança da alegria e a promessa do bom humor. Aprendi que o sorriso é a melhor forma de envolver o cliente.

No caminho das casas mais ricas, ficava o clube dos funcionários da fábrica. Por entre as grades do muro, via uma linda piscina de água azul no meio de um formoso gramado, mantido com irrigação artificial. Sempre sonhei em frequentar aquela piscina e aprender a nadar. Porém, nunca cruzei aquela grade. No quintal de casa, papai fez um tanque de lavar roupa. Nas tardes ensolaradas de verão, usava-o para me refrescar do calor, imaginando que estava nadando na piscina do clube.

Papai teve uma ideia, que por pouco não acaba em tragédia. Ele comprou um carneiro e treinou-o para trabalhar como um pônei, puxando a carrocinha enfeitada de frutas e verduras. Tiramos a ripa que travava os dois travessões da carrocinha e prendemos o animal, como se fosse um cavalo. Um pequeno arreio mantinha o carneiro preso entre os dois travessões e uma rédea, que se estendia ligada a uma focinheira, permitia comandá-lo de dentro da carrocinha. O primeiro teste foi um sucesso. O animal conseguiu transportar a mim e papai, de casa até o mercadinho. Enchemos a pequena charrete de mercadorias e saí para a rua, para colher o sucesso de uma venda certa.

Quando retornei ao mercadinho, retirei as poucas laranjas que não acharam compradores. Subi na carrocinha e, de repente, o carneiro se recusou a obedecer qualquer comando das rédeas, lançando-se em disparada, como um animal selvagem, que sai cortando o vento. Ele cruzou a segunda rua principal da cidade, passando bem em frente de um caminhão. Felizmente houve tempo apenas para um pequeno impacto da roda da carrocinha com o para-choque do veículo. Voamos pela rua que passava atrás da igreja. Quando achei que estava tudo perdido, o carneiro parou abruptamente na frente de casa. Depois daquele episódio, continuei por alguns anos tracionando a pequena charrete do mercadinho até as portas das minhas freguesas. Quando dava, também saía para ganhar algum dinheiro, à noite, com a caixa de engraxate.

O terceiro dezembro naquela cidade chegou com as férias escolares e as congadas. De 25 de dezembro a primeiro de janeiro, acontecia a tradicional procissão de ternos e barraquinhas no pátio da igreja. Lá estávamos eu e papai vendendo abacaxis. Ele havia comprado o equivalente a um caminhão três quartos, cheios daquelas frutas deliciosas. Para chamar a freguesia, meu pai resolveu apelar para uma frase de efeito, com conotação picante para um bom vendedor. Ele descascava o abacaxi, cortava-o em pedaços em uma travessa de alumínio e gritava: "é cem pur taiada". O padre censurou a frase de duplo sentido. Era o meu terceiro Natal em Itaú de Minas sem presentes. Ficava melancólico ao ver as famílias indo para a missa do galo e depois passando nas barraquinhas, enquanto eu tinha que ficar ali vendendo a fruta "por fatia". Acho que nunca vendi tanto abacaxi na vida.

Como o Natal amanheceu sem presentes, resolvi me dar um revólver de brinquedo. No mercado, havia tipos muito sofisticados, com tambor de pólvora que girava à medida que os tiros eram disparados. No entanto, eu tinha dinheiro apenas para comprar um em que se colocava manualmente cada pólvora na base onde batia o gatilho.

Passei o dia dando tiros e me imaginando um herói dos filmes de bang-bang a que assistíamos nas matinês de domingo do único cinema da cidade.

Na televisão do vizinho e colega de escola, assistia ao Durango Kid, um cowboy fictício do cinema e dos quadrinhos. Ele parecia Robin Hood. Vestia-se de negro e usava um lenço cobrindo o rosto da mesma cor. Na escola, eu já começava a perceber a diferença de meu desenvolvimento físico em relação aos colegas. Era um dos mais fracos e um dos menores da turma. Usava aquele revólver de mentirinha, dando tiros de espoleta em direção aos meus inimigos fictícios, como forma de compensar a minha fraqueza física. Porém, como Durango Kid e Robin Hood, os meus tiros eram de justiça. No fundo, a explosão de pólvora não aliviava a tristeza de passar mais um Natal sem presente.

Durante quatro dos seis anos em que moramos em Itaú de Minas, a minha maior diversão era passar uma semana de férias, em janeiro e em julho, no sítio do Sapecado, na cidade de Passos. O sítio do tio Pedro e da tia Dionésia, irmã mais nova de mamãe, era um paraíso que me lembrava muito a chácara do Glória. Na época, eles tinham três filhos: Gilvana, Girlene e Gilson. Melhor do que aquele sítio, era a companhia de meus tios e primos, um pouco mais novos do que eu. Passávamos o dia ajudando a tirar o leite, tratando dos animais, limpando o chiqueiro... brigávamos, brincávamos, mas, acima de tudo, nos amávamos muito.

À noite, juntávamo-nos ao pé do fogão para fazer queijo. Um produto químico era adicionado em uma grande lata de leite, que era deixada no fogão a lenha durante todo o dia para ser coalhado. Colocávamos aquela massa branca em fôrmas de alumínio, mantidas sobre uma tábua, que descansava em uma bacia. Ao espremer a massa coalhada, o soro ia escorrendo para uma bacia. No final, tínhamos o queijo fresco, que era colocado em prateleiras, fora do alvo dos ratos, para ganhar consistência. Adorava comer aquela massa de queijo fresco.

Depois de fazermos queijo, íamos para a cama de colchão feito de palha de milho. A casa não tinha forro e os quartos eram divididos por paredes de dois metros de altura. Tio Pedro e tia Dionésia batiam longos papos na cama antes de caírem no sono. Do quarto onde dormia com o meu primo, podia ouvir o som da bica d'água que caía a poucos metros da porta da cozinha.

No fundo do sítio, passava um lindo riacho que cruzávamos usando cipós, como se fôssemos o Tarzan. Naquele lugar aprendi também a fazer doce de goiaba e polvilho. Devo aos meus tios e primos as melhores lembranças de lazer de minha infância.

No quarto ano em Itaú de Minas, mudamos para uma casa mais espaçosa. Papai chegou a abrir uma lanchonete, mas os negócios não prosperaram. Continuamos a ganhar a vida com a venda de linguiças e verduras. Um dia, fomos a Fortaleza de Minas, uma região rural, para visitar algumas fazendas e comprar leitoas para o Natal. Já era noite e estávamos todos cansados. O motorista estacionou o seu caminhãozinho três quartos próximo de uma estrada que dava acesso para uma fazenda. O céu estava limpo e estrelado. Meu pai determinou que eu ficasse no caminhão.

Estava tão cansado que logo peguei no sono. Acordei assustado, com papai gritando ofegante pelo meu nome e me perguntando se eu não tinha visto nada. Aquele homem que nunca acreditou que um ser humano pudesse ter ido à Lua, estava dizendo que viu algo que seria descrito nos filmes de ficção como um objeto voador não identificado. A história foi confirmada, em detalhes, várias vezes pelo motorista. Tinham visto um grande objeto oval, que emitia luzes de várias cores e voava a uma altura muito baixa, sem emitir qualquer ruído. De repente, o objeto voador disparou em uma velocidade capaz de fugir do alcance dos olhos em fração de segundos. Nunca acreditei na possibilidade de haver discos voadores, mas não tenho a menor dúvida de que, naquela noite, meu pai foi testemunha de um fenômeno no mínimo muito raro.

A experiência de comprar mercadoria nas fazendas para vender na cidade iria se repetir muitas vezes. Em uma dessas vezes, lembro-me que passamos boa parte do dia apanhando jabuticabas. Do alto de uma árvore, brincava com papai: "Estou parecendo um astronauta". Ele ria à vontade e dizia que, depois do objeto voador que vira na fazenda de Fortaleza de Minas, até admitiria que um homem pudesse ter pisado na Lua.

Um dia, papai amanheceu doente. Peguei um ônibus, parei na estrada e, depois de uma hora de caminhada, estava batendo na porta da fazenda rica em jabuticabeiras. Combinei com o proprietário o preço, apanhei cinco caixas de 20 litros cheias daquelas frutas, aluguei uma charrete e fui parar na rodovia. Já estava tarde e o ônibus não passava. Decidi então pedir carona. Parou uma perua do tipo

Aero Willys, com um casal de meia idade e três filhos. Ele era um dos gerentes da fábrica e me ajudou a colocar as caixas na perua. Durante o trajeto, fomos batendo o maior papo. Na verdade, ele usou aquela oportunidade para saber de minha vida e compará-la com a dos filhos. Acho que os meninos, de idades próximas a minha, cerca de 12 anos, não ficaram nada satisfeitos com as comparações de seu pai. O argumento do pai era: "vejam, vocês têm tudo e não dão valor". Os meninos ficaram calados o tempo todo e não aceitaram as jabuticabas que ofereci.

Deixaram-me na porta do mercadinho. Insisti para que eles levassem alguns litros de jabuticaba de presente. Gostava dessa fruta porque era fácil de vender. Levava-as na carrocinha até a interminável fila de caminhões que esperavam para serem carregados de sacos de cimento e cal. Usava uma lata de óleo de cozinha de um litro para medir o volume das frutas, que eram colocadas em sacos plásticos de um e dois litros. Os motoristas, que transportavam a riqueza de Itaú de Minas, adoravam aquelas frutas.

A última vez que comprei jabuticaba foi na cidade de Pratápolis. Soube que na casa de um professor de português havia um grande quintal com lindas alamedas de jabuticabeiras. Fui até lá para comprar as pequenas frutas pretas e arredondadas. O proprietário tinha um filho com a minha idade, muito simpático e falastrão. Parecia que o menino falava outra língua que não o português dos motoristas de caminhão. Fiquei maravilhado com o seu vocabulário e a sua perfeição gramatical. Pedi a ele, várias vezes, para me ensinar a repetir certas palavras e a corrigir minhas frases. Percebi que existia algo errado em minha formação acadêmica e que deveria procurar reparar minhas falhas. Acatei o conselho daquele menino e procurei ler com mais frequência, para melhorar a minha linguagem e a minha gramática.

Era hora de mudar novamente para a última moradia em Itaú de Minas. Fomos residir a menos de 70 metros da porta da fábrica, em uma casa com uma sala de comércio na frente. Naquela sala comercial fizemos várias tentativas para prosperar. Papai teve a ideia de alugar uma mesa de sinuca. Aprendi a jogar bilhar em uma mesa de dois metros de comprimento. Não precisava dobrar a coluna para mirar as bolas, uma vez que meu ombro mal ultrapassava a altura da mesa. Ganhei várias apostas, principalmente de maços de cigarro, que vendia ao proprietário do bar. A habilidade de jogar estava virando vício e, por dezenas de vezes, fui até os bares das mesas oficiais para demonstrar meu novo talento. Funcionários da fábrica adoravam apostar contra os meus desafiantes.

O filho do meio do gerente geral da fábrica era meu colega de escola e tinha a bicicleta mais linda que já vi na vida. Era azul, sem catraca, de tamanho ideal para a minha altura e estava abandonada na garagem. Combinamos o preço e paguei com crédito para que ele jogasse na mesa de bilhar. Durante mais de três anos, sonhara que estava andando de bicicleta. Passei na loja de um homem bravo, de sobrancelhas grossas espetadas na testa, e enchi os pneus da minha primeira bicicleta. Fui para a rua principal e saí voando ladeira abaixo. Tudo aconteceu como nos meus sonhos, exceto pelo fato de os freios não terem funcionado, resultando na minha queda ao final da descida. Aprendi a manter o equilíbrio sobre duas rodas. Consertei a bicicleta e ela passou a fazer parte das minhas alegrias.

Desde que cheguei a Itaú de Minas sempre tive um pássaro de estimação aprisionado em uma gaiola. Gostava, em especial, de ter sempre um pássaro-preto e um canário-da-terra. Tínhamos também um lindo pastor alemão, chamado Rex, muito amigo e fiel. Certa vez, ele acasalou-se com uma cachorra de um sítio localizado na saída da cidade, a uns dois quilômetros de casa. Quando a cadela deu cria, Rex saía de casa todas as manhãs e ia ajudá-la a cuidar de seus filhotes, retornando para casa apenas ao cair da noite. Aquela cena de amor à prole durou até que o dono da cadela deu os filhotes.

A SAÚDE CEIFADA PELO PÓ

Estava iniciando a sexta série do primeiro grau no ginásio da cidade. Tinha 13 anos, quando comecei a sentir algo muito estranho: trocava com frequência o nome das pessoas. Na escola, chamava os professores de pai e as professoras de mamãe. Pensava uma coisa, mas meus lábios falavam outra. Tinha consciência de meus erros e a perda de controle da minha volição me deixava ainda mais irritado e triste. Quando tentava me corrigir, parecia ainda mais ridículo. Meus colegas e professores achavam que eu estava ficando louco.

Nessa época, uma colega de turma havia perdido uma linda caneta. Em um bilhete, alguém relatava que a mesma havia sido roubada dentro da sala. A inspetora, dando uma de investigadora, passou a confrontar a letra do bilhete com a escrita dos cadernos dos alunos. No final, selecionou três possíveis suspeitos e, entre eles, a minha letra. Fomos chamados a escrever na lousa letras que pudessem denunciar o autor. A professora e a inspetora não conseguiram chegar a um veredicto. O diretor decidiu então que cada um pagaria uma pequena quantia para que fosse comprada uma nova caneta. Rebelei-me contra a decisão, dizendo que jamais poderia pagar por algo que não havia feito. Mesmo doente, nunca deveria abrir mão de meus princípios. Para a professora de matemática, a minha decisão foi uma afronta à autoridade dela e do diretor. A partir daquele dia, ela resolveu brigar comigo sempre que trocava o seu nome. Aquela mulher, insensível à minha falta de saúde, esqueceu-se de sua função de educadora. Tudo o que eu fazia em sala de aula era considerado por ela um desrespeito. Foi preciso a intervenção de minha irmã Lília e do diretor da escola para aplacar os ânimos entre nós.

Em compensação, eu tinha uma professora de português, de pequena estatura e com os dentes levemente projetados para fora da boca, que foi o meu porto seguro naquela escola durante dois anos. Lembro-me de uma peça de teatro que montamos, sob sua direção, na qual eu fingia estar me barbeando. Fomos aplaudidos em pé e ela disse estar muito orgulhosa da minha atuação. Aprendi com aquela professora que, para ser um bom educador, é preciso amar, compreender e respeitar verdadeiramente o aluno, como se fosse um filho.

Um dia, passando na frente da fábrica puxando a carrocinha com frutas e verduras, vi o mundo se fechar em meus olhos. Havia desmaiado nos braços de um moço muito bonito, um dos melhores jogadores de futebol do time da cidade. Era meu ídolo e namorava uma formosa moça, de uma família de Sete Marias. Ele me carregou nos braços e me levou para o hospital, que ficava a mais de um quilômetro de distância. Conheci pela primeira vez o que era a internação hospitalar. Doutor Lino, um médico argentino de grande alma, me atendeu prontamente. Tivera um ataque convulsivo, que se repetiu mais três vezes.

Aquele ataque coincidiu com a morte de Rex, atropelado por um dos caminhões da fábrica. No Itaú também desenvolvi uma inflamação crônica das laringes. Não sei se é coincidência, mas todas as vezes que fiquei doente, um de meus pássaros de estimação morreu.

Por indicação do médico, fui parar no Hospital das Clínicas da Universidade de São Paulo na cidade de Ribeirão Preto, mantida pelo poder público, onde fiz um longo tratamento. Pedro foi comigo em um dos retornos para exame, quando me fizeram colocar a cabeça entre as pernas e enfiaram uma longa agulha entre as vértebras de minha coluna lombar. Senti uma dor terrível ao coletarem o líquido de minha coluna. Para economizar dinheiro, voltamos de carona. Ribeirão Preto fica a duas horas de carro de Itaú de Minas, mas naquele dia gastamos mais de nove horas. Cheguei em casa sentindo dores alucinantes.

Os médicos diagnosticaram um foco de irritação no córtex. Durante muitos anos, tomei um remédio anticonvulsivo e, aos poucos, passei a dormir melhor e a recuperar o controle sobre a minha volição. A poluição de Itaú de Minas fez outras vítimas em casa. Minha mãe e minha irmã mais nova também perderam a saúde com aquele pó. Mais tarde, soube que o meu ídolo, que me carregou nos ombros até o hospital, morreu naquela terra de ar sufocante com meningite.

Papai trabalhava com afinco em seu último plano para mudar de vida naquela cidade poluída. Estava negociando há três meses com o proprietário de uma grande fazenda da região a abertura de uma olaria. Ele fez mil planos para se tornar um fabricante de tijolos. O projeto estava todo estruturado: o preço das máquinas, os funcionários que seriam contratados, a distribuição... Porém, meu pai não tinha o dinheiro para o investimento e dependia do fazendeiro para avalizar o empréstimo no banco. Estava tudo acertado. O fazendeiro ficaria com uma percentagem maior dos lucros. No entanto, na hora de assinar o empréstimo, o dono da fazenda desistiu da ideia. Quando cruzou a porta de casa, papai era só melancolia. Saiu desolado em direção à plantação de eucalipto. Acompanhei seus passos à distância, quando o vi deitar debaixo de uma daquelas árvores. Procurei pelo seu melhor amigo, contei a decepção dele vendo seus planos, mais uma vez, ruírem como um castelo de areia levado pelas ondas do mar. Convenci o seu amigo e fomos consolar papai, que chorava como uma criança. Apesar de seus fracassos, ele continuava sendo para mim um herói, que tentava desesperadamente encontrar o seu sucesso. Ele tinha caído, mas estava pelo menos tentando o melhor para sua família.

Era fevereiro de 1974, hora de deixar aquela terra poluída. Nossos sonhos de virarmos respeitados comerciantes nunca se concretizaram, apesar do país ter finalizado o seu período de maior crescimento econômico. Tivemos que nos contentar com a vida de mascate, do frango-cabide, da linguiça, das frutas e verduras e do engraxate. Outro caminhão de migrante estacionou na porta de casa. No dia anterior, tínhamos matado e vendido uma linda porca, de mais de um metro e meio de comprimento, que criei no quintal. Com aquele dinheiro, pagamos nossa mudança e partimos.

ESPERANÇA

Em 1974, mudamos para a cidade de São Carlos, no Estado de São Paulo, considerada a capital do clima. Nesse ano, o mundo descobriu que as reservas de petróleo poderiam se esgotar rapidamente, o que levou à especulação do preço pelos países produtores. O Brasil, que era dependente do óleo para funcionar, entrou em uma grave crise financeira. Vivíamos a época da reação dura da ditadura militar, das prisões, torturas e assassinatos de vários líderes que faziam oposição ao regime.

Era também o começo da disparada da dívida externa e da inflação galopante, que duraria 21 anos. Na bagagem dos meus 14 anos, eu trazia a experiência do engraxate e do mascate alegre e bem-humorado. O caminhão da segunda migração deixou Itaú de Minas mais carregado do que chegou. Levamos a travessa de vidro, o fogão a gás e vários outros utensílios que tínhamos comprado. Se o mundo vivia em crise financeira, para nós era a oportunidade e a esperança que se desnudava à nossa frente. Se não aproveitamos a era da bonança, poderíamos usar as experiências acumuladas na cidade cinzenta para fazer as rosas brotarem com mais vida. Não podia haver crise onde a natureza esbanja vida.

Encontramos uma cidade com cerca de 90 mil habitantes, limpa, arborizada e bem organizada quando comparada aos padrões de Itaú de Minas. Fomos morar em uma casa geminada e bem localizada. A vizinhança era a melhor possível e de fácil amizade. Dentro de casa, as dificuldades de sobrevivência ainda continuavam presentes. Mas a cidade exalava riqueza, com edifícios arrojados para a época. Uma linda catedral, erguida no coração da cidade, com uma cúpula de 70 metros de altura e 30 metros de diâmetro, réplica arquitetônica da Basílica de São Pedro no Vaticano, fora aberta ao público em 1956. Na frente da catedral, uma charmosa praça com árvores centenárias dava vida ao Palacete Conde do Pinhal, construído em 1922 para comemorar os 100 anos de independência do Brasil. Tínhamos nos mudado para o paraíso urbano. As flores, as árvores, os pássaros de São Carlos apenas comprovavam a irresponsabilidade da poluição ambiental em Itaú de Minas.

INVESTINDO NA DÁDIVA

Quando chegamos nesse mundo ganhamos gratuitamente a dádiva da capacidade de aprender. O pequeno passo de Neil Armstrong na Lua era para mim a jogada mais genial do ser humano. Já entendia que o estudo era o caminho que deveria trilhar para desenvolver, na plenitude, a maior dádiva que havia herdado. Aos poucos, fui descobrindo que a trajetória que havia escolhido não era apenas longa. Na verdade, nunca teria fim.

Não foi por outra razão que em Itaú e em São Carlos, a primeira atitude foi procurar uma escola pública para me matricular. Vários estudos demonstram que crianças que vendem produtos na rua desenvolvem uma incrível capacidade de calcular. Nunca erram o troco e sempre levam para casa o valor correspondente de sua venda, mas não conseguem lidar bem com os símbolos e fórmulas matemáticas na escola. Os anos de mascate nas ruas de Itaú comprovam, em parte, essas observações. Os fregueses ficavam impressionados com a habilidade daquela criança franzina de calcular. Divertia-me, usando com eles os conhecimentos de matemática que aprendia na escola. Tinha descoberto que os números e as fórmulas eram apenas uma maneira de se obter a solução mais rápida. O meu segredo estava em aplicar o mundo dos símbolos matemáticos na vida real, materializada na venda da laranja, da linguiça, da jabuticaba, do frango-cabide...

Assim, na primeira manhã naquela cidade oxigenada, fomos cuidar de nossas matrículas na escola. Eu me matriculei na oitava série, em uma simpática escola pública, a Militão de Lima. Iria estudar à noite e trabalhar durante o dia. Pedro, Fátima e Lília também se matricularam em cursos noturnos. Juliane foi a única a estudar durante o dia. Paulo já não morava mais em São Carlos. Havia terminado o curso técnico em química e fora trabalhar em Belo Horizonte.

No final da oitava série, o diretor da escola me chamou em sua sala. Fiquei apreensivo, pensando que poderia ter feito algo errado. O professor Ary Pinto das Neves era um senhor próximo da terceira idade, bonachão, de rosto avermelhado, fala mansa, uma verdadeira simpatia em pessoa. Ele queria apenas saber como consegui melhorar tanto as minhas notas, quando comparadas com as do histórico escolar dos dois últimos anos que trazia de Itaú de Minas. Contei para ele o problema de saúde que tive, o que havia afetado também a minha capacidade de responder perguntas. Em São Carlos, voltei a ver o mundo de forma clara, já não trocava tanto o nome das pessoas e minha boca obedecia rigorosamente os comandos de minha mente. O diretor colocou as mãos nos meus ombros, me deu um abraço fraternal e me parabenizou pelo desempenho.

Em 1975, mudamos para uma casa antiga, bem espaçosa, no centro da cidade, quase esquina com a famosa Escola Normal, o terceiro colégio criado no Estado de São Paulo. O suntuoso prédio de estilo eclético, ocupando uma quadra inteira foi erguido em 1911, para ser o símbolo do futuro. Está cravado entre a avenida São Carlos, a principal da cidade, e a Rua Dona Alexandria. Aquele monumento sempre simbolizou para mim o caminho do conhecimento.

A casa que iria morar até mudar de São Carlos começava na calçada, com quatro quartos, uma sala, banheiro e cozinha. Em cada um dos dois quartos da frente, duas janelas enormes revelavam toda a vida da movimentada e bem asfaltada Rua Dona Alexandria. As portas tinham mais de três metros de altura, fazendo qualquer um se sentir livre e pequeno dentro da casa. O meu quarto ficava no fundo, de onde se estendia um longo quintal com várias jabuticabeiras, pés de poncãs, romãs, mangas, limões e um pé de abacate.

Aos 15 anos, era hora de iniciar o colégio. Apesar da imponência da Escola Normal, o desejo de todos na cidade era estudar no Colégio Industrial, uma escola pública de alta qualidade criada em 1932. Prestei o exame e não acreditei quando fui aprovado no curso técnico em Mecânica, onde estudei de 1975 a 1977. O colégio tinha os melhores tornos da época. Aprendemos a desenhar as peças em perspectivas e a torneá-las de forma precisa. Poderíamos dar vida ao metal e vibrávamos quando o aço era transformado em lindas engrenagens.

Quando terminei o colégio, recusei várias ofertas de emprego de técnico em mecânica. As universidades de maiores prestígios eram mantidas pelo governo e totalmente gratuitas. Para conseguir uma vaga nelas era preciso passar em um rigoroso exame. Depois do colégio, os jovens geralmente faziam um curso preparatório de pelo menos um ano para tentar a aprovação no processo seletivo.

O Centro Acadêmico Armando de Salles Oliveira era um dos melhores cursos preparatórios para o processo seletivo da região. Ficava no campus da prestigiada Universidade de São Paulo, a uma distância de quase dois quilômetros de casa. Seus professores eram escolhidos entre os melhores alunos da universidade. Eram jovens talentosos que lembravam grandes atores portadores de excelentes oratórias.

Prestei uma prova e fui contemplado com uma bolsa parcial de estudo. Fazia o percurso de casa ao curso preparatório a pé, usando sandálias havaianas. Aos sábados, as aulas eram à tarde. No caminho, sempre encontrava com ex-colegas do colégio, desfilando com seus Fuscas, adquiridos a prestação, em função do novo emprego de técnico em mecânica. Um deles fazia questão de me dar carona até o curso.

Em casa, improvisei uma escrivaninha. Os pés foram feitos com blocos de tijolo de 20 centímetros, o tampo com uma tábua que achei no lixo, que recebeu duas camadas de verniz depois de ser lixada. Ali iria passar todas as horas disponíveis, estudando as apostilas do curso. Ficava encantado com a quantidade de conhecimento novo que absorvia em cada página.

No meio daquele ano, fui aprovado, junto com uma colega, em uma prova para ser monitor na disciplina de Zoologia. Com a perspectiva de ser monitor do curso preparatório, resolvi prestar vestibular para fazer a graduação em Biologia na Universidade Federal de São Carlos. Fui aprovado e comecei a cursá-lo, na esperança de que isso ajudaria minha seleção para monitoria.

O salário era atraente, além de não ter que pagar o curso preparatório. Porém, na última avaliação de didática, escolheram a colega.

Naquela época, apenas um em cada cem brasileiros tinha curso superior e o número dos que conseguiam uma vaga em uma universidade pública era ainda menor. Apesar disso, desisti do curso de Biologia e me concentrei no curso preparatório para o novo vestibular. A intenção era prestar Medicina no final daquele ano. De manhã, trabalhava fazendo bicos para me manter no curso à noite. No final do ano, consegui ser aprovado em Medicina em uma escola particular, mas não tinha recursos para pagar meus estudos.

Optei então por começar a fazer Enfermagem na Universidade Federal de São Carlos. Lá não havia curso de Medicina e ficaria muito difícil a minha manutenção fora de casa, mesmo que fosse numa universidade pública. O meu plano era trabalhar como enfermeiro e, ao mesmo tempo, cursar Medicina. Porém, na universidade descobri definitivamente a minha paixão por política e pela Fisioterapia.

De 1979 a 1984, cursei Fisioterapia e me encantei com a ciência do movimento. Quando entrei na Universidade, ainda carregava comigo frases e expressões que denunciavam a origem do menino caipira. Nessa época, comecei a fazer iniciação científica, estudando as possíveis regras utilizadas por ratinhos famintos para pressionar uma barra e obter comida. Era hora de testar os ensinamentos do chamado comportamentalismo de Skinner. Para os ratinhos, tudo funcionava muito bem.

A probabilidade de nos comportarmos de determinada forma estava intimamente ligada às consequências com a qual somos punidos ou premiados pelas respostas exibidas. Mas, nos humanos, via a vontade interior aflorar em vários comportamentos novos e inesperados. Como explicar o nosso contra-ataque orquestrado contra as abelhas invasoras do paraíso do Glória, executado por crianças sem nenhum conhecimento de técnicas de defesa?

Ainda como parte de minha iniciação científica, participei de um projeto para estudar a relação verbal entre mãe e filho portador da Síndrome de Down. Pegava o ônibus e ia parar na casa da família, com o gravador em punho e alguns brinquedos. Passava horas ouvindo e transcrevendo aquelas fitas. Logo identifiquei alguns tipos de mães. Algumas tinham tanta ansiedade para ajudar seus filhos a falar que, como bons papagaios, verbalizavam continuamente, não dando tempo para que as crianças respondessem. Outras mães eram o oposto. Não soltavam uma única palavra. Parecia que tinham desistido das crianças. Nos dois casos, o resultado não era nada animador. Os filhos não conseguiam emitir uma palavra com significado. Um terceiro grupo de mães, percebendo as dificuldades de suas crianças, verbalizava mais pausadamente e dava a oportunidade para que elas tentassem repetir os sons. Essa pesquisa me ensinou que cada pessoa precisa de um estímulo e de um tempo apropriado para sedimentar a aprendizagem.

Terminei o curso de Fisioterapia com 24 anos. Dois anos depois, ingressei no Programa de Mestrado da Universidade Federal de São Carlos. Queria entender as regras usadas pelo sistema nervoso para controlar os movimentos humanos. Visitei várias instituições de ensino de Santa Maria, extremo sul do Brasil, a Brasília, no centro do país. Estava atrás de uma tecnologia para reconstruir os movimentos no espaço tridimensional. Minha ideia era muito simples e ingênua. Iria comparar os movimentos de bebês normais com os de portadores da Síndrome de Down. Consegui acesso a essa tecnologia no Hospital Sarah Kubitschek, em Brasília. Viajei inúmeras vezes de ônibus de Campinas a Brasília, uma distância de quase mil quilômetros, para coletar os dados da pesquisa. No final, havia reconstruído os movimentos da cabeça, ombros, cotovelos, punhos, quadril, joelhos e tornozelos dos bebês.

Tinha aprendido que não basta ter acesso às informações, mas que era preciso ter uma lógica para interpretá-las. Nikolai Bernstein descreveu, em 1947, na antiga União Soviética, que o sistema de controle motor permite infinitas soluções. Por exemplo, podemos levar uma xícara de café à boca usando inúmeras combinações de movimentos nos ombros, cotovelos e punhos. Se tivesse tido acesso à informação científica gerada na União Soviética, certamente teria reformulado o meu projeto. A lição que tirei dessas pesquisas é que antes de tentar entender o complexo devemos ter certeza de que compreendemos o mais simples.

CONSTRUINDO NOVAS OPORTUNIDADES

Com a mudança para São Carlos, encerrava a época do engraxate, da venda do frango-cabide, das frutas, verduras e lingüiça na rua. Em uma semana, estávamos todos trabalhando em novas ocupações. Durante anos, papai trabalharia fazendo pequenas reformas em casas. Mamãe foi trabalhar na limpeza de um banco. O meu primeiro emprego foi como vendedor em uma loja de sapatos, com o sugestivo nome de "Moleza Calçados". Certa vez, quando engraxava, tentei adivinhar algo sobre a personalidade de meus fregueses, baseado no estilo de sapatos que usavam. Havia um freguês que usava apenas sapatos brancos sem cadarço. Ele tinha a pinta do bom malandro. Usava calça colada no corpo e muito ouro nos pulsos e pescoço. Lembrei-me do sapato branco do Doutor Lino, o médico argentino que me socorreu quando tive a primeira internação hospitalar. Percebi então que não poderia julgar as pessoas pela cor ou tipo do calçado.

Mas, na loja de calçado, a situação era um pouco diferente. Agora precisaria fisgar e ajudar os fregueses a fazer a sua escolha. Ficava em pé na porta da loja e não perdia uma única oportunidade de convidar as pessoas para visitá-la. A maioria chegava com o ar de quem não quer estabelecer nenhum compromisso com o vendedor. Olhavam de rabo de olho os sapatos expostos na entrada. O convite para ver as mercadorias, sem nenhum compromisso, sempre desarmava o comprador. Para ajudá-los na escolha, o melhor caminho era deixá-los à vontade para apontar algumas preferências. Procurava memorizar os tipos de calçados que havia no estoque. Além das preferências solicitadas pelos clientes, sempre trazia duas ou três opções que acreditava estarem próximas do gosto deles. Como tinha que ficar muito tempo em pé, as dores na perna voltaram com força total e desisti daquele emprego.

As máquinas velozes de fotocópias faziam muito sucesso na época e seus preços eram proibitivos para a maioria das empresas. Era o meu primeiro emprego com carteira assinada. Recebia metade de um salário mínimo. Nessa época, o governo mudou a lei, determinando que os menores de idade também deveriam receber o salário mínimo inteiro. Office-boys, como eu, ficaram apavorados com a possibilidade de serem demitidos, o que ocorreu com muitos. O meu patrão, um homem alto e generoso, me chamou em seu escritório para anunciar o inesperado. Ele iria me pagar o salário mínimo integral porque estava muito contente com o resultado de meu trabalho. Fiquei radiando alegria e trabalhei com mais afinco. Aprendi mais uma vez que, como empregado, o trabalho honesto, eficiente e produtivo era o melhor caminho para o sucesso. Na escola, descobri que os babilônicos inadimplentes poderiam ser feitos escravos para pagarem seus débitos. Porém, com o trabalho produtivo, muitos conseguiam comprar a sua liberdade de volta e, não muito raro, se tornavam sócios de seus donos.

Aquele emprego durou quase um ano e meio. A loja foi vendida e, pela primeira vez, iria conhecer o desemprego. Decidi trabalhar como garçom em um restaurante que fora recém-aberto no centro da cidade. O dono, um senhor de pequena estatura e bem rechonchudo, era cheio de humor. Os fregueses chegavam em grande quantidade e eu adorava levar às suas mesas os aperitivos. O proprietário morava na parte superior do restaurante e lá conheci a maravilha da televisão colorida. Não entendi quando o dono resolveu fechar aquele estabelecimento. Fiquei alguns meses fazendo vários serviços esporádicos, incluindo ajudar o meu pai na reforma de algumas casas. Trabalhava como servente de pedreiro e pintor.

No último ano de colégio, estava iniciando uma empreitada bem-sucedida como pequeno empresário. Ajudei um professor a abrir uma pequena gráfica com copiadora de documentos. Visitava de empresa a empresa para oferecer nossos serviços. Montamos uma infraestrutura para prestar diariamente serviços gráficos. Logo fizemos uma grande clientela e estávamos prosperando. Os negócios iam muito bem, mas a sociedade não deu certo. Sem capital para investir, fui tratado como funcionário. Recorri à justiça para garantir os meus direitos. O dinheiro que ganhei foi suficiente para que terminasse o curso preparatório para ingressar na faculdade.

Para me manter na universidade, precisaria arrumar um serviço bem flexível, a ponto de permitir tempo para assistir às aulas. Lembrei-me da flexibilidade que tinha vendendo frango-cabide. Consegui arrumar um emprego como representante de um distribuidor de calçados e roupas na cidade de Piracicaba. Andava de loja em loja, em São Carlos e nas cidades da região, abrindo o mostruário e tirando os pedidos dos fregueses. Vendia muitos calçados, chinelos e calças jeans da famosa grife Alpargatas. O proprietário da distribuidora pensava que eu tinha carro próprio. Porém, na época, não sabia sequer dirigir. Usava ônibus como transporte entre e dentro das cidades. Quando chegava, procurava os postos de gasolina e me informava onde existiam lojas de roupa e calçado nos bairros. Assim, mapeava a localização de meus fregueses. Procurava visitá-los nos períodos em que não tinha aula, mas às vezes tinha que perder uma aula ou outra para dar conta da demanda.

Ser um representante comercial é como sair para uma pescaria. Você nunca sabe o que vai encontrar, nem quantos peixes vai conseguir fisgar. Mas encarava com humor e alegria a oportunidade de estar participando daquela caça por clientes. Mesmo quando chegava em casa com poucos pedidos, pensava que, da próxima vez, poderia ser melhor e sempre era. Ganhava o suficiente para bancar a minha vida na universidade e as minhas andanças. Quando os pedidos eram abundantes, me imaginava proprietário de uma linda casa, que via no caminho. Ganhei o suficiente para comprar a minha primeira moto e, mais tarde, meu primeiro carro, um Fusca branco.

Em 1984, quando terminei a graduação em Fisioterapia, fui trabalhar na Universidade Estadual de Campinas, uma das melhores do país. Campinas fica a menos de duas horas de carro de São Carlos e está entre as dez cidades mais ricas do Brasil. Lá se produz 10% de toda a produção científica desta nação. Se mudar de Itaú para São Carlos foi um momento de alegria, a partida para Campinas não foi uma decisão fácil.

Nos dez anos que morei em São Carlos, a militância estudantil me rendeu popularidade. Por onde passava, encontrava um rosto conhecido e um aceno de mão. Os políticos locais tentaram me convencer a disputar as eleições. Gostava de toda aquela movimentação e efervescência política. Havia também criado profundas raízes naquela cidade... amigos, família e namorada. Em Campinas, fui morar em uma república com três alunos da universidade, na avenida Francisco Glicério, a principal da cidade, em um sobrado de três andares. Morávamos no terceiro andar, em frente a um movimentado ponto de ônibus. A primeira noite naquele apartamento me trouxe de volta as lembranças do trem de calcário infernizando o casebre onde morávamos em Itaú de Minas. Os ônibus circulavam dia e noite, fazendo um barulho infernal. Precisava economizar dinheiro para realizar os meus planos.

Aos poucos fui me acostumando com aquele barulho e a agitação da cidade grande. A princípio me senti um estranho no ninho. Andava no meio da multidão sem que uma única mão me desse um aceno. Conviver e lidar com aquele anonimato foi um grande desafio. Porém, na universidade, encontrei um ambiente que me prendia ao mundo acadêmico. Comecei a fazer novos amigos e a descobrir a generosidade do povo daquela linda cidade.

A CONQUISTA DO VIDRO TEMPERADO

No primeiro pagamento que recebemos em São Carlos, Lília, Fátima e eu fomos a um supermercado, enchemos quatro carrinhos de mercadoria e levamos para casa. Nunca tinha visto tanta fartura como aquela. Na chácara tínhamos quantidade, mas não a variedade de produtos industrializados que levamos para a cozinha naquele dia.

Em casa, estávamos finalmente entrando na era do vidro temperado. Eu e Lília trocamos o fogão a gás por um novo, compramos a primeira geladeira e ainda uma enceradeira de presente para mamãe. Criávamos uma brincadeira na entrega de cada presente. No caso da enceradeira, entrei na caixa. Lília lacrou-a e ficamos esperando por mamãe. Quando ela chegou, deparou-se com a caixa no meio da sala. Lília disse que era um presente de Dia das Mães. Quando mamãe abriu, dei um susto nela e caímos todos na risada. Depois de seis meses, eu e minhas duas irmãs compramos a primeira televisão preto-e-branco. A Copa do Mundo de 1974 foi a última a que assisti na televisão do vizinho.

A ansiedade para entrar no mundo da modernidade era tamanha que embarcamos na compra a prazo. Como eu e Lília éramos menores de idade, comprávamos os aparelhos no crediário em nome de Fátima, a irmã mais velha. Ficamos meses pagando prestações. Somente dois anos mais tarde iria aprender que fizemos um péssimo negócio. Se tivéssemos controlado nossos impulsos, poderíamos ter adquirido os aparelhos a preços bem menores. Foi um artigo de um economista, que li nos jornais, que mudou a minha estratégia na hora do consumo. Lembrei da taturana e do preço que paguei por pegá-la de forma impulsiva. Os juros embutidos nos preços dos produtos eram talvez a camuflagem mais genial inventada pelo homem. Minha determinação em adquirir novos equipamentos domésticos crescia na mesma velocidade do desenvolvimento tecnológico. Porém, a partir daquele momento, iria comprá-los apenas com pagamento à vista e se recebesse o desconto solicitado. Tornei-me um pechinchador.

Mais tarde descobri que as pessoas de vida mais humilde e as mulheres são aqueles que pagam mais caro pelo que adquirem. Pagam um preço mais alto simplesmente porque ficam anestesiados pelo medo do julgamento do vendedor. Pensam que, ao pedir descontos, o vendedor possa julgá-los como pessoas de poucas posses e incapazes de pagar o preço justo. Raramente compro nos estabelecimentos comerciais que oferecem o mesmo preço para o pagamento à vista e a prazo. Na verdade, esses estabelecimentos nos obrigam a tomar dinheiro emprestado para comprar seus produtos, incluindo um valor adicional aos mesmos.

O LAZER

Dos fundos da primeira casa que moramos em São Carlos se abria um grande terreno baldio, do tamanho de uma quadra. Ali improvisamos um campo de futebol, onde eu jogava bola com os meus amigos da vizinhança, sem a censura de meu pai. Creio que ele tenha ficado arrependido quando me bateu por estar jogando bola na rua com os meus amigos em Itaú.

Os filhos do senhor José Rossit eram os meus amigos prediletos. Moravam em uma linda casa próxima a minha. Era uma família de muitos filhos e muito generosa conosco, apesar de pertencermos a classes sociais distintas. Eles eram sócios do Country Club, o clube de campo mais charmoso da cidade, e quando podiam me levavam para lá. Adorava a piscina, mas ficava frustrado por não saber nadar. Como aconteceu com minha aprendizagem para andar de bicicleta, sonhava todas as noites que estava nadando. Em um dia ensolarado, ganhei um convite para ir a outro clube de campo da cidade, onde havia uma lagoa. Estava sozinho. Lembrei-me dos meus sonhos, pulei na lagoa e saí nadando. Depois que aprendi a boiar e controlar a minha respiração na água, nunca mais parei de nadar. Mas meu lugar preferido era o Country Club. Observava atentamente como os outros meninos nadavam e tentava imitá-los o máximo que podia. Devo também a esses amigos o meu primeiro contato com o mar. Fomos de ônibus até Peruíbe, no litoral paulista. Fiquei encantado com a rodovia ampla e me apaixonei por aquela imensidão de água salgada e pelas ondas.

Na época do colégio, gostava de frequentar os bailes na Associação dos Alfaites de São Carlos, aos sábados à noite. Por lá passaram as principais bandas de música de salão do Brasil. Chegava às 23 horas e só saía por volta das quatro da manhã. Sempre gostei de dançar. Era um ambiente muito alegre. Observava atentamente os passos dos dançarinos mais talentosos e tentava repetir com quem aceitasse o meu convite. Confesso que não tinha muito sucesso com as garotas. Lembrei-me da época em que fui comprar a primeira graxa de sapato e de meu compromisso de não levar "não" para casa. Logo compreendi que para ter sucesso com as mulheres era preciso fazer várias tentativas. Como no mundo animal, as mulheres escolhem os homens. Precisava achar alguma forma para me destacar entre os vários adolescentes de famílias influentes. Tentava esbanjar simpatia e envolver as garotas em papos interessantes. Porém, de cada cinco, apenas duas aceitavam o meu convite para bailar. Mas o fato é que, no final da noite, tinha me divertido bastante.

Nessa época, descobri que meu pai era muito ciumento com as três filhas. O mundo já havia passado pelo movimento hippie, pela era do "faça amor, não faça guerra". O festival "Woodstock Music and Art Fair", que arrastou quase meio milhão de jovens nos EUA, já tinha ocorrido há mais de cinco anos. Fazia mais de 35 anos que Simone de Beauvoir publicara o ousado livro "O Segundo Sexo", mostrando que a feminilidade é fruto dos valores das civilizações, considerando certos dados fisiológicos. No Rio de

Janeiro, fazia mais de quatro anos que Leila Diniz escandalizara a sociedade, aparecendo de biquíni e exibindo uma bela barriga de grávida querendo dar à luz. Mas, na cabeça de meu pai, suas filhas jamais poderiam entrar ou ficar em um carro sozinhas com um ser do sexo oposto.

Para aplacar seu ciúme, papai resolveu me usar como cão de guarda. Minhas irmãs poderiam sair, mas somente acompanhadas por mim. Eu frequentava os grupos de jovens católicos na catedral da cidade. Porém, acreditava que as regras de papai, impostas às minhas irmãs, eram muito duras para a época. O que me deixava mais indignado era o seu juízo de valor: "faça o que falo, mas não o que faço". Aquele homem gostava de sair, ver as pessoas na praça e se socializar. Para resolver aquela contradição de valores entre gerações tão distantes, passava para ele a ideia de que iria cuidar de perto das minhas irmãs. Mas quando saía do alcance de seus olhos de vigia, eu dizia para elas que queria vê-las apenas quando chegasse a hora de voltar para o campo de visão de papai. Um dia, percebendo que eu talvez não estivesse desenvolvendo bem as funções a mim delegadas, ele resolveu nos seguir. Levei a maior surra por não ficar vigilante ao assédio dos machos às minhas irmãs. Mesmo assim, os bailes continuaram a ser uma das minhas diversões prediletas.

Porém, o que mais me fascinava era a ideia de conhecer lugares diferentes. Desde a mudança do Glória, quando vi a roda do caminhão de retirantes movendo mais rápida, sem levantar poeira no asfalto, decidira que seria um desbravador. Ficava fascinado com as aulas de geografia e história. A própria São Carlos era o testemunho da coragem dos bandeirantes em cortar o interior do país continental do pau-brasil, em busca do metal precioso. Olhava o mapa e sonhava com o norte e nordeste do Brasil. Parecia um país à parte, de tão longe que estava. Ficava fascinado em especial com as fotos das praias, os bancos de areia e me imaginava debaixo da sombra de um coqueiro.

Aos 18 anos, quando ganhei a maioridade, peguei uma mochila, coloquei dois calções e uma chinela havaiana. Vesti uma calça jeans e uma camiseta, coloquei a mochila nas costas e fui para a rodovia para pedir carona. Sempre que cruzava aquela rodovia de mão dupla em direção à universidade, me via indo para outros mundos.

Fiquei dois meses viajando pela costa brasileira de carona. A minha paixão pelo mar ficava maior à medida que ia explorando novos lugares. Entre o litoral do Estado de São Paulo e do Rio de Janeiro, descobri uma das naturezas mais belas que já vi no planeta. A linda Serra do Mar que percorre boa parte da costa brasileira represa o oceano Atlântico, de onde descem lindos rios e riachos formando, em vários pontos, cachoeiras exuberantes de água límpida e refrescante, que despejam no mar. Não pode existir combinação mais bela do que a serra com a floresta verdejante ao fundo e lindas praias, onde desembocam a água doce, as árvores e os rochedos. Depois de um banho no mar, em águas de temperatura agradável, e um mergulho nas águas do rio para tirar o sal da pele, desejei que a vida não tivesse fim. No Rio de Janeiro descobri talvez a paisagem mais bela do planeta Terra.

À medida que subia em direção ao nordeste, ia descobrindo lugares paradisíacos. Porém, o que mais me marcou nessa viagem foi a generosidade do brasileiro. Estava entre Aracaju e Maceió, pedindo carona no topo de uma colina. O sol estava tão forte que a pegada de meu sapato ficava impressa no asfalto da rodovia BR-101, de duas mãos geminadas, que corta a costa brasileira de norte a sul. Fazia mais de uma hora que estava naquela rodovia deserta, quando vi, ao longe, uma fumaça cortar o mormaço que saía do calor do asfalto. Quando o caminhão alcançou o topo da colina, a uns dez metros de onde estava prostrado, devia estar a menos de 20 quilômetros por hora. Gritei de alegria quando o veículo, carregado de tijolo, foi para o acostamento. Tratei logo de abrir a porta e pular na boleia.

O motorista não devia ter mais do que 30 anos. Estava com o peito despido e usava um chinelo desgastado. Na rádio AM tocavam músicas típicas da região. Ele começou a me contar a sua história. Acordava todos os dias às cinco horas da manhã e ajudava a carregar e descarregar o caminhão. Não via a hora de voltar para casa e ser recebido pela esposa e pelas duas filhas, com beijos e sorrisos de amor, no portão que dava para a rua sem pavimento. Aquela mulher companheira acordava todos os dias com o marido para preparar a marmita de comida, que ele levava para as suas viagens. Lembrei-me das cartas de amor que lia e escrevia a pedido de Mário. Fiquei imaginando se ele e Isabel já estariam casados e com filhos.

A simplicidade, alegria e fé em uma vida melhor, que brotavam daquele motorista, me encantavam. Ele tinha um sonho: ganhar dinheiro para educar as duas filhas e, quando sobrasse um extra, iria comprar para si um par de dentaduras.

Se eu tivesse dinheiro, aquele homem teria o seu par de dentaduras na hora. Porém, estava financeiramente pior do que ele, pedindo carona. Resolvi então contar ao motorista a minha história, para reforçar a ideia de que acreditava de fato que ele seria um vencedor e que veria as suas filhas colando grau em uma boa universidade. Quando soube que eu era um ex-engraxate e que estava frequentando uma das melhores universidades do país, disse que contaria sempre para as suas filhas a minha saga.

Nunca mais ouvi falar daquele homem que me tirou do forno da colina e me levou ao encontro de uma praia paradisíaca. Descobri naquela viagem que a mais linda paisagem de um país é o seu povo, que labuta de forma honesta e com altruísmo para vencer na vida.

O ALIMENTO DA ALMA

Quando participava de grupos de jovens católicos tive a oportunidade de fazer teatro na catedral da cidade. Era uma peça sobre a infância de Jesus Cristo. Eu tinha 16 anos e fazia o papel principal. No final da peça, fiz um agradecimento a todos e chamei o meu pai no palco para dedicar a ele a minha atuação. Aquele homem se derreteu em lágrimas na homenagem que prestei. Comecei a perceber que, quanto mais exposto ele era ao mundo urbanizado, mais flexível se tornava. Vendo o ambiente católico que frequentávamos, papai permitiu que minhas irmãs continuassem indo aos bailes comigo.

Assim, terminava o colégio com a cabeça povoada de valores contraditórios. De um lado, tinha me tornado um líder da juventude católica. Ainda podia sentir os raios de luz saindo da imagem do Divino Espírito Santo e mergulhando dentro de minha alma. De outro, começava a conhecer as ideias do socialismo. Em casa, convivia com os valores ultraconservadores de papai e na rua via brotar a era da liberdade sexual.

Porém, havia descoberto no teatro da catedral que as artes são os melhores remédios para a alma. Assim, no período da graduação, me aproximei do grupo artístico da universidade. Devo ao professor José Sidney Leandro o meu aprendizado sobre teatro, cinema e artes plásticas. Criamos um grupo nessa época dirigido por ele. Estreamos com uma comédia do mestre Ginu, extraída do teatro de mamulengo, chamada "O professor Tiridá". Fazia o papel do professor que era apaixonado por uma viúva e tentado por um demônio. Abria o espetáculo anunciando "respeitável público, sou o professor Tiridá, aquele que tira, mas não dá!". A parte que eu mais gostava era quando dizia para o diabo: "O inferno não existe, o inferno somos nós mesmos, que fazemos mal uns aos outros".

A peça era um sucesso nas fazendas, nas vilas e nos teatros sofisticados da região. Interessante que as partes que faziam o público rural morrer de rir não eram as mesmas que agradavam os urbanos. Já tinha lido que não é possível vencer uma guerra sem conhecer a si e ao inimigo. No teatro era a mesma coisa. Não é possível conquistar um público sem conhecer a si e ao espectador. Também aprendi que, ao contrário da guerra, a habilidade de cativar o público não deve depender do palco em que se atua. Para conhecer o meu espectador, ficava olhando das cortinas o semblante de cada um. Mas no palco, como na vida diária, conhecemos a plateia transformando-a em ator. Procurava interagir com o público e ler a linguagem não-verbal que saía das faces de cada um. Baseado nas informações colhidas, adequava a minha forma de expressar. No teatro aprendi e desenvolvi a capacidade do agir e reagir rapidamente e com sagacidade à presença de diferentes interlocutores.

Animado com o sucesso da peça, arrisquei o papel de um malandro carioca em um musical tradicional de uma escola de balé da cidade, chamado Juju e Balagandã. Usava uma calça branca e justa, com camisa, chapéu e sapato branco. Porém, gostava mesmo era do professor Tiridá.

Fomos apresentá-lo em um vilarejo rural, chamado Santa Eudóxia. Fiquei chocado com a pobreza que brotava das duas ruas sem pavimento, com o esgoto a céu aberto. Procurei o reitor da universidade e propus realizar um projeto para ajudar aquela comunidade carente. Iríamos usar peças infantis para levar mensagens de saúde pública às crianças daquele povoado. Além de alegrar a alma pensava que as artes poderiam também ajudar a transformar aquela realidade, que mais lembrava o casebre da nossa plantação sem frutos.

O reitor, um homem generoso e inteligente, conseguiu os recursos para implementarmos o projeto. No primeiro domingo, o salão paroquial da igreja de Santa Eudóxia ficou repleto de crianças. Estavam sujas como os leitões que vagavam pelas duas ruas. Começamos a ensaiar a peça do chapeuzinho vermelho, modificada para incorporar noções de saúde bucal. No domingo seguinte, as crianças apareceram limpas, como se estivessem preparadas para participar de uma festa de casamento de um parente. A mensagem da peça era sobre a importância da higiene das mãos. No terceiro e quarto domingos, as cenas das crianças limpas e bem cuidadas se repetiram.

Acreditei que havia feito uma revolução. De volta para a cidade, comecei a refletir sobre o assunto. Pensei na possibilidade de as crianças estarem incorporando nossos ensinamentos apenas para nos agradar. Resolvi então retornar ao vilarejo na segunda-feira e as encontrei todas sujas. Entendi que para mudar o comportamento das pessoas seria necessário mais do que a educação. Não era prático para elas estarem limpas todos os dias em um lugar onde a terra vermelha exalava o mau cheiro do esgoto. Eu estava treinando-as para viver nas alamedas pavimentadas, limpas e floridas do campus da universidade. Senti-me como um índio, com arco e flecha, tentando atingir um comboio de tanques blindados.

Compreendi que não se muda uma realidade atuando apenas na sua aparência. Resolvemos então modificar o projeto. Em vez de ensinar conceitos de saúde pública, começamos a ensinar as mães das crianças a produzir artesanato. Assim, elas passaram a produzir vários produtos que eram vendidos na cidade. Ficamos felizes ao perceber que nossas ações estavam agregando valores àquela comunidade extremamente carente. Durante as aulas de artesanato ensinávamos também como cuidar da própria saúde. Aquelas mães começaram a perceber que, através do trabalho produtivo, elas poderiam fazer a diferença naquela comunidade.

Em 1982, fui diretor cultural da União Municipal de São Carlos, que representava milhares de estudantes universitários e secundaristas. Nesse período, criamos os festivais de música, as mostras de arte, inclusive sacra, e organizamos inúmeros shows com os principais cantores da música popular brasileira.

A vontade de explorar novas áreas das artes me levou a participar de cursos de cinema, de grupos de danças folclóricas e até tentar o mundo das artes plásticas. Aceitei o desafio de participar de algumas exposições, apresentando algumas canvas com pintura abstrata. Estava participando de uma dessas exposições na cidade de Franca, quando uma senhora com ar de riqueza, refletido no grosso colar de pérolas que trazia no pescoço, parou em frente de um de meus quadros e começou a fazer uma análise do mesmo. Tudo o que ousava fazer era combinar cores, de preferência o vermelho com o verde, sem compromisso com qualquer forma. Sabia que não tinha o talento para desenhar. Jamais tive a intenção de transmitir qualquer um dos inúmeros sentimentos observados naquela tela. Na época de líder estudantil, estava contaminado pela visão materialista do socialismo. Não poderia aceitar uma análise de meu quadro que parecia uma psicanálise freudiana. Incapaz de manifestar na tela qualquer traço do materialismo, coloquei fim àquela experiência com a pintura abstrata. Não deveria insistir em talentos que não tinha.

Mas descobri que ao cultivar as artes não estava apenas alimentando e alegrando a minha alma. O teatro, o cinema e as artes plásticas certamente me ajudaram a desenvolver a minha inteligência emocional e ser mais sensível e aberto aos olhares dos outros.

O PRIMEIRO NAMORO

As mulheres sempre marcaram a minha vida. A primeira paixão pela minha professora, pela prima, o primeiro encontro com o sexo oposto ainda na infância, com aquela menina negra de mancha branca de nascença nas nádegas. Mas foi em 1979, já com 19 anos, que conheci a minha primeira namorada séria, Alba, uma morena de origem italiana, da cidade de Cornélio Procópio, norte do Estado do Paraná. Conheci aquela mulher de corpo de modelo na fila do restaurante da universidade, que carinhosamente chamávamos de bandejão. Ela trazia no rosto o sorriso da moça do interior que procurava se posicionar na cidade grande. Os cabelos presos com laços de elásticos formavam dois rabos, divididos simetricamente e caídos sobre as orelhas. Achei estranho que uma moça bonita pudesse estar ainda usando um penteado que ficaria mais apropriado em uma menina.

À noite, encontrei aquela mulher na festa da sede do Diretório dos Estudantes da Universidade, que ocorria todas as sextas-feiras. Ela estava de cabelos soltos, caídos nos ombros, revelando o rosto retangular e bem formado. Um estudante da Venezuela estava paquerando-a. Para se livrar do assédio, Alba se aproximou de mim e pediu para dançarmos. A banda de música do senhor Nelsinho animava o salão com um forró arrasta-pé. Demonstrei todos os talentos que havia aprendido nas minhas andanças pelo nordeste brasileiro, berço do forró. O namoro com Alba durou dez anos.

Quando ela chegou em São Carlos, foi morar em uma casa mantida pela dona de um pensionato, uma senhora de peso acima da média. Ela morava com outras amigas e nós estávamos bem no começo do namoro.

Era um sábado quando a campainha tocou e, em seguida, ouvimos a chave movendo a fechadura da porta da frente da casa. Eu e Alba estávamos em seu quarto e Cacá, sua amiga, no quarto da frente. Sabíamos que a ordem da dona do pensionato era para jamais deixar entrar homem naquele santuário feminino. Estávamos deitados na parte de cima de um beliche quando ouvimos a voz da repressão sexual, anunciando a entrada na casa. Pulei imediatamente para debaixo da cama. Não deu tempo sequer de colocar a camiseta. A senhora bonachona entrou com o pai, a mãe e a filha, que acabara de entrar na universidade. Ela foi logo alertando ao pai que naquela casa moravam apenas moças de boa família e que jamais admitiria a entrada de homens naquele pensionato. Com o rosto colado ao chão, tremia a cada passo que eles davam em direção ao quarto onde estava escondido. Finalmente vi um pé roliço entrando no quarto em cima de uma chinela, seguido de um par de sapatos de couro alemão e dois pares de sandálias refinadas.

A mulher abriu o guarda-roupa, bateu na porta para mostrar a qualidade dos móveis. Então, virou-se em direção ao beliche, levantou o colchão da parte superior para mostrar a qualidade da cama. Cacá, em um ato reflexo, deitou-se na cama de baixo e começou a rir sem parar. Acho que todos pensaram que ela era louca e saíram imediatamente da casa. O risco de ser pego naquela situação não me impediu de continuar frequentando aquela casa proibida para homens.

O EXERCÍCIO DA CIDADANIA

Na vida bucólica do Glória, das cachoeiras e matas da Serra da Canastra, qualquer repressão passaria despercebida. No ar sufocado pela poeira de Itaú, tampouco daria para notar qualquer movimento contra o regime militar. No entanto, encontrei uma São Carlos em plena ebulição política, dominada pelo movimento estudantil dos secundaristas e dos alunos de duas universidades públicas.

Quando fui fazer a minha matrícula na oitava série tive a primeira experiência com o aparato repressivo da ditadura. Os militares abordaram um grupo de estudantes, que tiveram que colocar as mãos para cima e apoiá-las em um muro. Foram revistados da cabeça aos pés e suas mochilas de universitários reviradas. Os estudantes tremiam como se estivessem sendo aterrorizados pelos meus antigos monstros. O medo da repressão fez com que eles ficassem imóveis. Mesmo depois da repressão já ter virado a esquina, os estudantes continuavam anestesiados pelo medo, sem esboçar qualquer reação. A repressão militar havia atingido o seu objetivo. Aquele medo imobilizou o senso democrático da maioria dos brasileiros por duas décadas. Lembrei-me de como controlei os meus monstros e por algum momento imaginei que poderia controlar também os militares.

Quanto mais via aquelas cenas de repressão mais crescia a minha vontade de ver o Brasil democrático. Esses sentimentos me levaram a me envolver com a política estudantil já no último ano do colégio e a exercer plenamente a cidadania. Fiquei inconformado com a decisão dos militares de fechar o Congresso por duas semanas, em abril de 1977. Nascia dentro de mim a certeza de que o caminho para humanizar o monstro da repressão militar era a redemocratização do país. Comecei então a participar, junto com outros universitários, de vários protestos contra o regime militar.

Na rua, em vez de gritar a oferta do "frango-cabide", agora clamava com os estudantes para a redemocratização do país. Percebia que, quanto mais unidos e coesos ficássemos, mais rápido conquistaríamos nossos objetivos. O movimento se espalhava por todo o país, forçando o governo a realizar as eleições de 1978, na qual a oposição mostrou muita força.

Em 1979, antes da posse do último presidente militar, vários muros da cidade de São Carlos apareceram pichados com a frase "João, o seu nome está na lista". No dia seguinte, os jornais da cidade chamavam de vândalos e comunistas os autores daquele ato covarde e de desrespeito. Eu e mais três colegas passamos a noite fazendo aquela travessura. Enquanto lia as reportagens, recordei o primeiro confronto que tive com meu pai, quando ele não nos deixou mascar chicletes. Na ocasião havia concluído que o enfrentamento com a autoridade paterna não valeu a pena, uma vez que não conseguimos o que desejávamos. Compreendi então que aquela frase pichada nos muros da cidade seria inócua e o seu teor em nada ajudaria a construir uma sociedade livre e democrática. Havia aprendido que o exercício da cidadania requer ações responsáveis.

Foi assim que decidi participar e ajudar a organizar várias caravanas à capital do Brasil, Brasília, para forçar o Congresso Nacional a aprovar leis democráticas, como a que estabeleceria eleições diretas para Presidente da República. Em agosto de 1979, foi aprovada a Lei de Anistia, que beneficiou cidadãos destituídos de seus empregos, exilados e presos políticos. Em novembro, o Congresso, composto por biônicos, reinstitui o pluripartidarismo. Temíamos que o pluripartidarismo defendido pelos militares fosse mais uma manobra para dividir a oposição e evitar a volta da democracia. Mas, aos poucos, íamos conquistando espaço, como as eleições diretas para governador e o fim do senador indicado pelos militares.

Comecei então a fazer parte de um partido clandestino. Para nos reunirmos, precisávamos tomar vários cuidados antes de chegar ao aparelho, lugar onde fazíamos as reuniões do partido. Geralmente, cruzávamos pontos da cidade bastante movimentados, antes de seguir em direção ao local combinado. Precisávamos ter a certeza de que não estávamos sendo seguidos. Ficávamos noites a fio discutindo a conjuntura do país e do mundo. Era a época do "centralismo democrático". No final, deveríamos aprovar e acatar a decisão vinda dos dirigentes do comitê central. Por várias ocasiões me rebelei com os argumentos e posições defendidos por eles.

A universidade havia se transformado em um campo de batalha política em prol da democratização. Inúmeras vezes marchamos do campus ao centro da cidade, uma caminhada de mais de cinco quilômetros pela avenida São Carlos. Sempre que cruzávamos a frente da Escola Normal, lembrava-me que aquele monumento fora erigido por dirigentes de ideais republicanos, para ser um símbolo da transformação social pela educação.

O restaurante da universidade era o principal ponto de encontro dos universitários. De lá, uma floresta de pinheiros se estendia até um Parque Ecológico, dando vista para um lago e recortada por ruas sem pavimentos. As folhas do pinheiro, pequenos ramos bem finos, caíam em abundância, formando aconchegantes camas embaixo dos mesmos. Era o lugar predileto para tirarmos uma sesta depois dos almoços. Dizem que do leito dos pinheiros com vista para o lago surgiram vários herdeiros daquela geração de estudantes.

No começo, a comida do bandejão era gratuita para todos os estudantes, mas aos poucos a universidade passou a cobrar pela mesma. O governador do Estado de São Paulo na época, indicado pelos militares, estava visitando a cidade. Os estudantes foram até o hotel onde ele estava para protestar contra a cobrança da refeição. Cercamos o local para evitar a sua saída. Sem perder a pose, ele desceu de seu carro preto e acenou para os estudantes. No veículo de trás estava outro político, um líder também ultraconservador e um dos expoentes da ditadura. A tropa de choque foi chamada para liberar o caminho para o governador.

Porém, o movimento que mais marcou aquela época foi um protesto contra o aumento abusivo das passagens de ônibus. Reivindicávamos uma redução do aumento e a implantação de meia passagem para estudantes. Como não fomos atendidos, resolvemos nos rebelar contra a ordem pública, iniciando o movimento do "pulo à roleta".

Para não pagar o ônibus, pulávamos a roleta do cobrador. Conseguimos uma grande adesão da população de São Carlos e o movimento se espalhou por todos os bairros. A primeira reação da empresa foi construir uma grade no ônibus, que impedia o pulo. Lembro-me de um senhor idoso serrando o alumínio da grade para permitir o pulo da roleta.

Os ônibus que se dirigiam para a universidade começaram a parar na frente da delegacia de polícia. Alguns colegas chegaram a ser detidos para interrogatório. Em uma dessas ocasiões, segurei o volante do motorista para impedir que ele nos levasse para a delegacia. O ônibus parou em cima de um canteiro de flores. Corri e me coloquei na frente do mesmo, até que o último colega pudesse sair sem pagar.

Como o protesto não parava, a empresa resolveu retirar os veículos de circulação. Muitos estudantes que estavam no campus da universidade tiveram que retornar a pé para casa. Entre eles, estavam duas ex-colegas do curso de Enfermagem. Poucos meses antes daquela noite, partimos em uma Kombi da universidade para Salvador, a mais africana das capitais brasileiras, localizada na costa do nordeste. Fomos participar de um encontro nacional de Enfermagem. Saímos da reitoria, localizada do outro lado da Rodovia Washington Luís, a mesma que me levava para as minhas aventuras. Éramos dez alunos, incluindo as duas ex-colegas, e um motorista calmo, de baixa estatura. Durante a viagem, o motor da Kombi fundiu e teve que ser trocado. Passamos pelas praias paradisíacas de Porto Seguro e lembro-me que tive que contar com doações de terceiros para me alimentar na volta.

Nos quase quatro mil quilômetros de viagem, as duas moças ficaram sempre juntas. Era uma amizade boa de se ver, que lembrava a cena da despedida de minha mãe com a sua amiga, quando migramos do Glória.

Naquela noite sem ônibus no campus da universidade, ao cruzar a mesma rodovia, as duas amigas de fé foram atropeladas por um caminhão e morreram imediatamente. A cidade foi tomada de grande comoção social. O movimento acabou com o atendimento de nossas reivindicações. Foi a vitória mais amarga que tive na vida. Aqueles dois rostos de menina-moça, um de origem japonesa e outra caucasiana, de pele bem clara, nunca mais deixaram minha mente. A missa em homenagem a elas foi de pura dor e lágrima.

Depois que os ânimos se acalmaram, fui indiciado na Lei de Segurança Nacional por incitação à ordem pública. Meu advogado, que também era escritor, um homem calmo e risonho, me acompanhou durante todo o depoimento. O delegado era um senhor com ar autoritário, óculos do tipo fundo de garrafa, acusando certa deficiência visual. Pegaram as impressões digitais de todos os meus dez dedos das mãos. Durante todo o tempo, o delegado teimava em colocar frases em minha boca que pudessem me comprometer criminalmente. Cansei de ouvir gritos do tipo "o senhor declara que decidiu entrar nos ônibus e convocar a população a pular a roleta." Retrucava sempre, dizendo que "a decisão de pular a roleta foi de cinco mil estudantes e que todos eram responsáveis". Ao término de cinco horas de depoimento estávamos todos exaustos, quando o delegado fez a última pergunta: "O senhor gostaria de acrescentar alguma outra informação?" O advogado arregalou os olhos de desespero quando respondi que sim. Fiz constar no meu depoimento que tinha sido um grande prazer poder prestar os esclarecimentos sobre o episódio do pulo à roleta.

De 1979 a 1984 diversas vezes voltamos à avenida para protestar contra medidas tomadas pelos dirigentes militares. Sempre que saía de casa, um homem seguia os meus passos. Ele se escondia atrás do poste de luz que ficava fincado na esquina da Escola Normal. Mais tarde vim a descobrir que era um membro de um movimento ultraconservador, que negava o holocausto e abominava tudo que lembrasse o regime socialista. Um dia ele me seguiu até o Mercado Municipal. Aquele moço bonito e alto usava cabelo curto, bem cortado, e uma roupa que lembrava muito as vestimentas dos seguidores de Hitler. A pele era bem vermelha, denunciando uma clara ascendência nórdica. Recordei meus sonhos com os monstros e, instintivamente, passei a acompanhar aquele homem jovial a menos de dois metros de distância, como se ele e eu fôssemos dois colegas. Visitamos quase todas as bancas de frutas e verduras lado a lado, sem esboçar qualquer palavra ou gesto. Depois daquele dia nunca mais fui seguido por aquele homem.

Naquele regime de exceção, ficava maravilhado com tudo o que os militares proibiam. Lia o que podia sobre o socialismo e o comunismo. Para ler os livros de Karl Marx, Vladimir Lenin, Friedrich Engels, montávamos uma estratégia para driblar os agentes da ditadura. Combinávamos com os companheiros de partido de pegar ou deixar livros e jornais proibidos em determinadas lixeiras. Depois de passar por ruas movimentadas, parava na frente do lixo demarcado e simulava jogar algum jornal, pegando o embrulho deixado por um colega de partido.

O Brasil seria sacudido por atos de repressão, cartas-bomba, atentados às bancas de jornal, censuras e prisões de opositores até meados de 1980. No início desse ano, fui chamado outra vez para depor na delegacia da cidade de São Carlos. Encontrei um delegado extremamente educado, gentil e sábio. Iniciei a conversa falando da importância e do respeito que tinha pelos policiais na manutenção da ordem pública. O delegado disse que a maioria dos militares era favorável à redemocratização do país. Nascia então uma amizade baseada no respeito mútuo. No final, fizemos dois pactos. Primeiro, tomaríamos todas as medidas possíveis para evitar qualquer confronto direto dos estudantes com as temidas tropas do exército. Segundo, faríamos o que fosse possível para demonstrar que a população e os militares deveriam ser parceiros e não inimigos.

Em um desses protestos, éramos milhares de estudantes descendo a avenida São Carlos. Eu estava na bateria de frente, gritando as palavras de ordem. Paramos na movimentada rua do comércio, a General Osório. Precisávamos explicar à população as razões de nosso protesto. Fiz um discurso que era repetido pausadamente por todos os estudantes. Continuamos a marcha em direção à praça da estação de trem. Quando chegamos à praça, recebi a informação, enviada pelo delegado através de um militar à paisana, de que a temida tropa de choque da polícia estava chegando para o confronto com os estudantes, com ordens para usar a violência.

Subi em um banco e fiz um discurso pedindo a todos que evitassem o confronto com os militares. O nosso protesto era, e deveria continuar sendo, pacífico. Pedi que dispersássemos imediatamente, que cada um voltasse para a sua casa e nos encontraríamos na universidade no dia seguinte. Os caminhões, com centenas de militares armados até os dentes, encontraram uma praça vazia.

Várias pessoas aconselhavam meu pai a proibir a minha atuação política em época de repressão. Falavam para ele sobre líderes estudantis que foram presos ou tiveram a ficha criminal suja pela atuação política. Alguns desses conselhos vinham de pessoas bem-intencionadas, que paralisadas pelo medo abriam mão do exercício da cidadania. Outros avisos tinham como objetivo claro intimidar a minha família e calar a minha voz. Mais tarde, soube que meu pai gostava de ouvir meus discursos à distância e admirava a minha coragem. Um dia percebi a sua presença atrás de uma árvore centenária na praça da catedral, onde fazia um discurso inflamado. Para ele, um homem não podia deixar que o medo lhe dominasse e deveria assumir riscos se quisesse alcançar o sucesso. Isso valia para a criança tentando dominar a bezerra ou para o jovem enfrentando a repressão do aparato militar.

Em 1981, o Brasil seria sacudido pelo atentado do Riocentro. Milhares de pessoas comemoravam, em um show, o Dia de Trabalho. Felizmente o feitiço virou contra o feiticeiro e as bombas explodiram no colo dos terroristas, antes de atingirem seus alvos. Tudo isso, associado a uma crise financeira e inflação galopante, gerou na sociedade ódio e desconfiança definitiva contra os militares. Os ânimos se exaltaram e meu plano de organizar uma partida de futebol entre os policiais e os estudantes foi cancelado.

No entanto, devemos à sensibilidade daquele delegado o fato de São Carlos não ter se tornado um palco de guerra, com derramamento de sangue. Alguns estudantes mais exaltados pregavam o confronto contra tudo e contra todos. Eu compartilhava a ideia de que os líderes dos militares estavam totalmente desmoralizados e que o confronto apenas criaria desculpas para que eles tentassem cassar os avanços democráticos que havíamos conquistados com muita luta.

No dia da eleição em 1982, a frente da Escola Normal na avenida São Carlos foi transformada em um mar de material gráfico dos candidatos. Improvisamos com papelão um caixão, fiz o papel do morto e enterramos simbolicamente o regime militar. Como esperávamos, a oposição elegeu a maioria dos deputados na Câmara, mas o Senado foi conquistado pelo partido que dava suporte ao governo militar. Também foram eleitos vários governadores de oposição em muitos Estados.

Em 1983, a sociedade saiu às ruas para exigir eleições diretas para Presidente da República, o que ficou conhecido como a campanha das "Diretas Já". Em termos de mobilização popular, foi o movimento mais lindo que conheci. Em todas as grandes capitais do país, a multidão ganhava as ruas com camisetas verdes e amarelas escritas "Diretas Já". No entanto, a lei que restabeleceria as eleições diretas não foi aprovada no Congresso Nacional. Restava a opção de apresentar um candidato da oposição para disputar as eleições indiretas e tentar derrotar os militares dentro de suas próprias regras.

Esse candidato era Tancredo Neves, um líder de centro, equilibrado e apoiado pela maioria das oposições ao regime militar. Eu havia sido eleito, aos 24 anos, presidente da União Municipal dos Estudantes de São Carlos, com mais de 75% dos votos, defendendo que deveríamos apoiar a eleição indireta desse candidato. Nessa época, o presidente do Partido dos Trabalhadores, também de oposição, participava de um debate com o prefeito da cidade de São Carlos. Ele e membros de seu partido caminhavam pelo Brasil defendendo a campanha do "Nem Tancredo, nem Maluf". O presidente do Partido dos Trabalhadores ficou irritadíssimo quando perguntei como se sentia sendo elogiado pelos falcões da ditadura, como o único líder autêntico de oposição. Não sabia que ali estava o futuro Presidente do Brasil, que seria eleito duas vezes.

Tancredo Neves foi eleito em janeiro de 1985. Acordei cedo para assistir à sua posse pela televisão, quando a nação foi informada que ele fora internado com problemas de saúde. A primeira explicação que me veio à mente era que tinham dado um golpe branco no país. Em seu lugar, assumiu o seu vice.

Em 21 de abril de 1985, dia em que se comemora a morte do mártir nacional Tiradentes, estávamos voltando de um congresso estudantil, no seu Estado natal, Minas Gerais. Era noite estrelada e o ônibus estava próximo da Serra da Canastra, quando o rádio anunciou a morte do também mineiro Tancredo Neves. Lembrei-me do retorno da plantação sem frutos quando papai e eu quase perdemos a vida ao cruzar o ribeirão no lombo do cavalo. Apesar de termos trabalhado com afinco e dedicação, nossos sonhos ficaram enterrados na terra vermelha daquela serra. Tive a mesma sensação quando soube dessa morte. Toda a luta pela redemocratização do país parecia terminada, como em uma trama.

Encontrara Tancredo Neves pela primeira vez havia um ano, em Belo Horizonte, capital e sede do Governo do Estado de Minas Gerais. Ele recebeu uma comitiva de estudantes, na qualidade de governador. Aquele homem de estatura tão baixa quanto a minha tinha cara de um duende velhinho que espalhava o bem. Ele me abraçou fraternalmente e disse: "acredito nessa juventude".

O motorista parou o ônibus, descemos e rezamos o Pai-Nosso em homenagem àquele líder que ajudou o Brasil a reencontrar o caminho da democratização. A sua morte causou uma grande comoção social.

Valera a pena apostar naquele semblante calmo, sereno e de fala pausada. Ao ser eleito, disse que "não pagaria a dívida com o suor e sangue do povo brasileiro". Imediatamente a história da falência de meu pai me veio à mente com força total. No lugar de renegociar com os credores, papai decidiu pagar com o suor e sangue de nossa família o fracasso da plantação sem frutos. No final, aquela terra perdeu uma família-parceira na produção de alimentos, os credores foram enganados pelo meu tio, nossa família castigada pelas dificuldades e o Estado estava mais pobre com a nossa falência. Esse grande líder estava ensinando ao mundo, com aquela frase, que não se mata a galinha dos ovos de ouro.

A PERGUNTA DIFÍCIL

Durante a militância política meu lema era "se é ruim para os militares, deve ser bom para o país". Na época de estudante acreditava que o problema não era apenas a falta de democracia, mas também o regime capitalista, o qual deveria ser substituído pelo socialismo.

Talvez houvesse sentido no fato da nossa geração apontar o regime militar como o principal inimigo da sociedade. O país vivia em crise e a população em carência. No entanto, o que unia a sociedade era o desejo de viver em um país livre e democrático e não necessariamente socialista. Penso que o povo brasileiro percebeu que era melhor errar pelas próprias mãos do que sofrer por possíveis decisões tomadas por dirigentes não eleitos.

A rebeldia dos estudantes, desafiando a autoridade dos militares, certamente ajudou a virar aquela página da história brasileira. Finalmente, humanizamos os nossos monstros. Mas com o fim do regime militar acabou também o inimigo comum da população. A quem deveríamos agora atribuir nossos problemas e dificuldades?

Foi então que percebi que havia me distanciado muito das lições aprendidas na infância. O segredo do engraxate para vencer as barreiras estava na coragem para fazer as perguntas difíceis. Elas são difíceis porque nos obrigam a tomar uma atitude em relação à realidade vivida. Ao chamar a responsabilidade para meus ombros, percebi que eu era o problema e a solução. Essa percepção levou-me muitas vezes a encarar o fato de forma nua e crua. Os recursos que escolhi para resolver os problemas geralmente não eram os mais fáceis. Porém, sempre procurei trabalhar com bom humor e alegria para mudar a realidade.

Durante a época de liderança estudantil, passei a acreditar que a solução dos meus problemas e dos da sociedade estava numa atuação coletiva e não na mudança do indivíduo. Porém, com o fim do inimigo comum, entendi que a conquista de cada indivíduo de viver sem medo e de buscar o seu desenvolvimento foi a maior vitória da democracia. Compreendi que, se a mobilização popular foi o caminho para redemocratizar o país, para construir uma grande nação democrática era preciso a transformação de cada cidadão. Assim, reencontrei os segredos do engraxate e decidi que, ao ser melhor, a vida seria melhor e, assim, estaria ajudando a conquistar uma sociedade melhor.

Era hora de voltar a assumir o destino em minhas mãos, construindo o amanhã aqui e agora. Quando puxava a carrocinha na rua, gostava de gritar: "aproveite a economia, Dona Maria. Frutas e verduras fresquinhas"; e sempre terminava com a frase: "não deixe para depois o que pode fazer agora". Com o país redemocratizado, entendi que precisava me concentrar no desenvolvimento da dádiva que ganhei quando cheguei nesse mundo: a minha capacidade de aprender.

O PhD

Não deve existir melhor forma para desenvolver a dádiva da capacidade de aprender do que ouvir os mestres. Era hora de me aprofundar no conhecimento das ferramentas científicas para tentar entender como nos movemos. Em 1988, ganhei uma bolsa de estudo da Fundação Rotary e uma bolsa do Conselho Nacional de Desenvolvimento Científico e Tecnológico, uma agência do governo brasileiro, para fazer o doutorado (PhD) nos Estados Unidos. Conquistei as bolsas em um processo de seleção pública e as agências exigiram que eu passasse no exame de proficiência na língua inglesa.

Aprender outro idioma foi um dos maiores desafios em minha vida. Primeiro porque desenvolvi um preconceito tolo contra o inglês. De acordo com a literatura proibida pelos militares, o que vinha dos Estados Unidos era sinônimo de domínio econômico e cultural, inclusive a imposição do seu idioma ao mundo. No entanto, há muito tempo estava claro que a ciência havia escolhido o inglês como língua-mãe para a comunicação dos conhecimentos.

No começo do mestrado, gastei todo o final de semana para traduzir uma única página do inglês para o português. No segundo final de semana, consegui traduzir duas páginas. Estava aprendendo da forma errada. Mas a estratégia foi suficiente para que, ao término do mestrado, conseguisse ler os artigos científicos. Nos momentos de folga, procurava ter aulas particulares. Fiz o exame de inglês e fiquei muito aquém do mínimo requerido.

Mesmo assim, resolvi fazer a maior aposta de minha vida. Vendi meu carro, peguei todas as minhas economias e comprei a passagem para os Estados Unidos. Defendi a minha dissertação de mestrado no dia 28 de novembro de 1988 e, no dia seguinte, estava no avião voando rumo ao meu PhD.

Se a travessa de vidro representava a vida material que estávamos conquistando, os gênios da humanidade eram o modelo que gostaria de seguir. Esse mesmo sentimento estava presente quando pensei que poderia mudar o comportamento das crianças de Santa Eudóxia com mensagem de saúde pública nas peças de teatro. Queria fazer a diferença. Já não me contentava em acrescentar sabão à água para obter um brilho melhor nos sapatos. Fazer uma grande descoberta, curar uma doença, realizar um grande feito eram os meus objetivos.

A despedida de minha família começou em São Carlos. Mais tarde soube que minha mãe guardou a toalha de meu último banho, antes da viagem. Abracei, um a um, todos os amigos, os irmãos e irmãs. O adeus mais doído foi de minha mãe e de meu pai. Não sabia quando voltaria, se em um mês, um ano ou em quatro. Mordia os lábios para não me entregar ao choro descontrolado. O homem que não acreditava que o seu semelhante pisara na Lua foi o último a me abraçar. Pela primeira vez, meu pai me beijou e disse: "Espero estar vivo quando você voltar". Não contive a dor da saudade antecipada e as lágrimas jorraram em abundância de meus olhos.

A viagem de São Carlos ao Aeroporto Internacional de São Paulo me pareceu a mais longa de minha existência.

Recordei-me da taturana, do ataque das abelhas, da plantação sem frutos, da caixa de engraxate, do frango-cabide, das lágrimas de desespero da mamãe vendo os filhos passar fome, da travessa de vidro, da poluição de Itaú ceifando nossa saúde, das generosas cidades de São Carlos e Campinas, da repressão militar, da luta pela redemocratização do país, da caixa de enceradeira, da primeira televisão... A minha alma chorou durante os 300 quilômetros, revendo cada passo que dei. Era uma mistura de alegria e tristeza. Estava alegre por estar olhando para o desconhecido com perspectivas de um futuro melhor. Estava triste por deixar para trás as minhas origens, as pessoas que me amavam, o país que quis ver livre e soberano.

No portão de embarque, pensei nos brasileiros que o cruzaram, anos atrás, rumo ao exílio. Lembrei-me que muitos deles já haviam retornado pelo mesmo acesso, com a aprovação da lei da anistia. Confortava-me saber que estava deixando um país livre e cheio de esperança e que ajudei a construir aquele momento.

Abracei, um a um, meu irmão mais velho Paulo, minha irmã mais nova Juliane, minha mãe e Alba, minha namorada. Aquele portão da partida, onde o luxo encontra-se com a nostalgia, estava cheio de parentes lacrimejando. A dor da despedida faz jorrar as lágrimas da saudade antecipada e do amor que não admite a separação. Tinha que olhar para frente e mirar no futuro que se desvendava nas asas do avião.

No caminho para o embarque, pensei nas poeiras levantadas pela charrete nas estradas de terra do Glória. Ria sozinho ao lembrar a cena da roda do caminhão de retirantes fazendo o mundo mover-se mais rápido, sem levantar poeira. Agora iria entrar na era do pássaro de metal, voando pelos céus sem girar rodas, encurtando distâncias. Tudo isso estava acontecendo na minha vida 19 anos depois que o primeiro homem havia pisado na Lua.

Pousei em Nova Iorque no dia 30 de novembro de 1988 pela manhã. Deixei o Brasil da indústria obsoleta e sucateada por anos de proteção governamental à indústria nacional. Encontrei uma cidade de carros modernos e sem ruídos, de ônibus e caminhões com redução na emissão de poluentes. E me dei conta de que havia deixado para trás um país tropical quando ultrapassei a porta do aeroporto. O guarda soltou uma gargalhada me vendo sair em pleno inverno de Nova Iorque apenas com uma camiseta. Não andei cinco metros e retornei imediatamente para dentro do aeroporto. Abri a mala, tirei uma jaqueta e saí em direção ao outro aeroporto, de onde partiria para Chicago. Tudo era mais novo e moderno em comparação com o que vira em minhas andanças pelo Brasil.

Acima das nuvens, via um país cortado por estradas vicinais, formando um tabuleiro de plantação agrícola. Da janela do avião, não vi uma única mata ou floresta por onde meus olhos puderam enxergar. Observei grandes faixas brancas e fiquei intrigado para saber o que era. Perguntei ao moço sentado ao meu lado. Demorou um certo tempo para ele entender o que estava perguntando. Descobri que estava vendo neve pela primeira vez.

Em Chicago, fui morar em River Forest, um dos subúrbios mais influentes da cidade, no campus de uma faculdade. Lá morei até o começo do ano e estudei inglês durante um mês. Fiquei encantando com as mansões daquele lugar e com a beleza dos automóveis. Dividi um quarto na moradia estudantil com um rapaz meio estranho do Japão. Pela primeira vez tinha que usar a calefação para poder climatizar o quarto. De manhã, fiquei um bom tempo vendo a neve caindo do céu graciosamente. Brinquei como uma criança com seus flocos.

Tudo em Chicago lembrava o Natal. No centro da cidade bonecos de neve, bandas, vitrines enfeitadas com lindos brinquedos... A cidade do vento se tornaria a minha primeira paixão na América do Norte. Por três vezes, minha turma foi convidada para visitar casas em River Forest. Apenas um casal, muito metódico, vivia na primeira mansão que visitamos. Comparava a riqueza daquela residência com o casebre de Itaú de Minas. Os moradores queriam saber sobre os tipos de bichos que tínhamos no Brasil. Em outro palacete, encontrei uma senhora que passava dos 70 anos, muito interessada em aprender sobre nossa cultura. Cada aluno falou um pouco de seu país: Japão, Coréia, Colômbia e Brasil. Não podia acreditar que aquelas mansões eram habitadas por poucos moradores, que recebiam a visita de seus filhos uma ou, no máximo, duas vezes ao ano.

Era hora de voar para a pequena cidade de Ames, em Iowa. Cheguei à noite e fui para o hotel, no campus da universidade. Na manhã seguinte, mudei-me para o quarto na residência universitária. Quando saí do hotel, uma moça sorridente, me vendo arrastar duas grandes malas pela rua, disse algo que não pude entender. A princípio, imaginei que ela queria me dar uma carona. Cruzei a rua, ela abriu o porta-malas de um carro sedã e lá coloquei as duas bagagens. Abri a porta e sentei no banco da frente de passageiro. Ela fez ar de desapontamento e repetiu a mesma frase várias vezes. Tudo o que entendia era a palavra neve e carro. Vendo que eu não entendia sua língua, ela abriu a porta, me puxou pelo braço e me mostrou que precisava empurrar o carro. Fiquei mais confuso ainda vendo que ele estava ligado. Jamais poderia imaginar que o automóvel, parado em uma subida, precisaria de um empurrãozinho para não patinar no gelo que se formou entre as rodas e a rua. Finalmente pude ajudá-la e ela me deixou na residência universitária para estudantes solteiros.

Dividi um quarto com David, um americano alto e muito simpático. De imediato descobri que não daria para ter discussões políticas com ele, uma vez que era republicano e fã de carteirinha de Reagan. Eu não nutria nenhum apreço pelo ator amador que virou líder americano. Aprendi, com David, que não se escolhe as amizades pela crença religiosa ou preferências ideológicas.

Para iniciar o meu PhD na Iowa State University teria que passar no exame de conhecimento em inglês, o temido *Test of English as a Foreign Language*. Fiz o teste pela segunda vez e não consegui a pontuação mínima. Baseado na análise de minha prova, a diretora do programa de inglês da universidade disse que precisaria de no mínimo nove meses de estudo para passar no exame. Foi um dos dias mais tristes de minha vida. Tinha duas bolsas de estudo, mas ao mesmo tempo não teria nenhuma se não passasse no exame. Meus recursos financeiros dariam para, no máximo, viver mais uma semana na América. Fui para o meu quarto compartilhado e chorei durante horas.

Fracassei nos meus planos de passar na prova de inglês. Lembrei-me de minha máxima de que não poderia levar não para casa. Porém, o sim não dependia da decisão de outros, como foi com o vendedor de graxa de sapato. Agora, o sim dependia única e exclusivamente de mim. Subestimei o tempo que precisaria para corrigir os meus erros de formação e aprender a nova língua. No meio do choro, consegui arquitetar um plano de salvação.

No dia seguinte, fui falar com Debory, a diretora do programa de apoio aos estudantes estrangeiros da universidade. Com paciência, ela me ajudou a entrar em contato com os dirigentes da Rotary Foundation. Era o meu único plano e não podia falhar. Estava em Ames como Embaixador da Boa Vontade do Rotary e propus a eles que me pagassem apenas o curso de inglês durante dois meses e meio. Abriria mão de seis meses e meio de bolsa, mas me comprometia a representar o Rotary durante todo o meu PhD. Debory me auxiliou a negociar o plano com a Fundação pelo telefone. A representante desta entidade não ficou nada satisfeita com o meu jeitinho brasileiro e pediu para a Debory me passar o telefone.

Disse, em uma frase ensaiada, que pedia desculpas pela situação, que entendia claramente as regras, mas que havia superestimado o meu conhecimento da língua inglesa. Expliquei que não agi de forma premeditada para criar uma situação constrangedora e nunca foi minha intenção afrontar os regramentos. Porém, precisava de uma oportunidade para mostrar a minha capacidade. Ela me perguntou o trivial em uma conversa de duas pessoas que estão se falando pela primeira vez, na qual o vocabulário pode ser limitado a algumas frases simples. Retornei o telefone para a Debory, que me pediu para que saísse da sala. Depois de meia hora, ela me chamou e deu a notícia de que a Rotary Foundation havia concordado, em caráter excepcional, em pagar o meu curso de inglês. Vi uma luz muito forte brilhando no rosto de Debory e senti que alguém muito especial estava me estendendo as mãos para que não caísse. Chorei com ela, o meu anjo da guarda americano.

Saí de sua sala e fui pular de alegria na rua. Recordei-me do momento em que meu pai e eu quase fomos tragados pela enchente na travessia do ribeirão, em nossa fuga da plantação sem frutos. Lembrei-me do momento em que puxei o corpo de minha irmã mais nova das rodas do trem. Ajoelhei e rezei no jardim da universidade.

Durante dois meses e meio não fiz outra coisa a não ser estudar inglês. Falava português apenas quando ligava para o Brasil. Tudo dependia apenas de mim. Ouvia dizer que muitos brasileiros, mesmo depois de vários anos vivendo na América do Norte, não falavam a língua com fluência. Por trás daqueles relatos de fracasso, estava sempre a constatação de que se tratava de pessoas que ficaram paralisadas pelo medo do julgamento alheio. Pensei na história do "frango-cabide" e como o comentário da menina me desviou de minha missão de vendedor. Sabia que não haveria aprendizado com medo do erro.

Certa vez minha professora retrucou um comentário meu sobre a língua, respondendo que os americanos não falavam rápido, mas que meus ouvidos eram ainda lentos para o inglês. Ela estava certa. Porém, o segredo era jamais deixar que o medo de cometer erros paralisasse a minha capacidade de aprendizagem. Sempre que podia, procurava me colocar em contato social com os americanos para estabelecer um diálogo. Nunca tive vergonha de pedir que repetissem uma frase, tantas vezes quanto necessário, para que eu pudesse aprendê-la. Observei que os americanos, assim como os brasileiros, adoram ensinar seu idioma para um estrangeiro interessado em aprender. Na verdade, essa deve ser uma característica de todo ser humano. Na primeira vez que fui a um supermercado americano, quando passei pelo caixa, a moça me entregou a mercadoria dizendo "here you are" (aqui você está). Olhei em volta de mim, procurando onde estava. Pedi que ela repetisse a frase para ter certeza de que estava ouvindo corretamente. Assim, ia aprendendo as expressões do idioma americano.

Várias vezes a diretora me viu fazendo e refazendo testes antigos do exame de inglês e sempre balançava a cabeça em desaprovação. O curso da universidade era de alta qualidade e a minha turma tinha doze alunos de várias partes do mundo. Devorei os livros de gramática e descobri que aquela língua tinha uma lógica simples e, de longe, mais objetiva do que o português. Prestei o exame e tirei a pontuação mínima necessária para iniciar o meu PhD.

No meio do ano de 1990, retornei ao Brasil para as férias. O reencontro foi uma festa. Minhas sobrinhas Larissa e Ludmila, filhas de Fátima, estavam brincando de pentear os cabelos de papai em sua cama. Colocaram maria-chiquinhas nos cabelos daquele homem, pintaram a sua boca com batom vermelho e exclamaram: "Vejam, ele virou um bicha!". O homem que me bateu na infância porque ousei desafiar a sua autoridade ao querer mascar chiclete, estava se comportando como uma criança junto com suas netas. Na linguagem popular, estavam fazendo dele "gato e sapato" e pude gravar tudo na câmera de vídeo. O tempo transformou meu pai e fiquei com a impressão de que a risada dele revelava que não caberia ao avô a educação das netas.

Alba e eu nos casamos e retornamos para Ames. Alugamos uma casa e depois fomos morar na Vila Universitária, em uma simpática *townhouse*, uma residência de dois andares geminada. Com a bolsa de estudo da agência do governo brasileiro paguei nossas passagens, os estudos e pudemos viver com dignidade, com um bom seguro de vida. Compramos toda a mobília em *garage sale*. Divertia-me vendo as pessoas venderem em suas garagens o que não queriam mais usar. O que não achava comprador era descartado. Creio que era o lixo mais rico que já vira, com bons sofás e aparelhos eletrodomésticos abandonados.

Os eletrodomésticos e carros eram bem mais baratos e de melhor qualidade nos Estados Unidos do que no Brasil. Logo percebi que fiz o papel de bobo em nosso país quando defendi, na época do movimento estudantil, de forma enérgica, a reserva de mercado da indústria brasileira. Como justificar que um país ofereça aos seus cidadãos produtos de pior qualidade, a um preço duas ou três vezes maior do que outros? Felizmente, essa distorção está sendo corrigida no país.

Em Ames chegamos a fundar uma associação dos estudantes brasileiros. Organizamos vários churrascos e uma festa de carnaval com mais de 300 pessoas. Foi bom ver o mundo dançar conosco as marchinhas do carnaval brasileiro. Porém, eu estava lá para aprender a fazer ciência e não para fazer política. A maior parte do tempo em que vivi na América do Norte foi dedicada ao desenvolvimento científico. A grande vantagem em estudar em outro país era que não precisava me envolver com a política local.

Quando retornei das férias no Brasil, comprei um carro que pertencera ao governo de Iowa em um leilão. Era um automóvel de quatro portas, cinza, com um grande porta-malas e câmbio automático. Acostumado com controle manual, não tinha a menor ideia de como colocar aquele carro para funcionar. Parei no posto de gasolina e tive que pedir ajuda para entender os comandos básicos daquele veículo. Meu irmão Paulo, sua amiga Edmar, Alba e eu resolvemos cruzar os Estados Unidos para estrear o carro. Saímos em direção à Denver. Pegamos as Montanhas Rochosas, visitamos o Grand Canyon, paramos em Las Vegas e fomos parar em San Diego, Los Angeles, San Francisco, Portland e, finalmente, no parque Yellowstone. Fizemos todo o percurso acampando em duas barracas. No Grand Canyon, tivemos que dormir no meio de uma floresta. Qualquer barulho parecia que era um bicho que iria invadir nossos aposentos. Meu irmão jura que um animal de grande porte tentou nos atacar. Depois dessa viagem passei a entender porque os brasileiros e os americanos são tão ufanistas em relação aos seus países. Para mim ficou a certeza de que toda a terra é muito linda e que cada lugar possui o seu próprio encanto.

No final do ano, tinha concluído todas as disciplinas do programa do meu PhD em desenvolvimento infantil.

No entanto, em Ames não havia os laboratórios de que precisava para continuar estudando os movimentos humanos. Meu orientador, Jacques Lempers, concordou que eu deveria desenvolver minhas pesquisas em um lugar que oferecesse os recursos apropriados.

Eu e Alba alugamos um caminhão-baú, colocamos a mobília e partimos para Chicago. Foi a primeira vez que dirigi um caminhão. Liguei o rádio e lembrei do motorista de peito desnudo e sem dentes, que trabalhava para estudar as duas filhas. Se aquele homem tivesse tido a sorte de nascer em um país como os Estados Unidos, certamente estaria dirigindo um daqueles grandes caminhões cheio de rodas que desfilavam na rodovia sem buracos. Aos poucos eu ia deixando para trás o caminho de Ames rumo a Chicago.

Fomos morar em um condomínio de negros, bem localizado, entre uma comunidade italiana e o campus da University of Illinois at Chicago e o Rush Medical Center. A gerente me deu um grande desconto no aluguel. Ali iria morar até deixar os Estados Unidos da América.

Os vizinhos eram extremamente amáveis e gentis. O condomínio era bem cuidado, com ruas asfaltadas, que convidavam à patinação. Nos finais de semana de verão, adorava gastar o tempo na beira do lago Michigan e curtir os festivais e os museus. Era época dos *rollerbladers*, que voavam nas largas calçadas de cimento construídas ao longo do lago. A princípio achei que estava um pouco enferrujado para aprender a andar sobre rodas finas e ligeiras, enfileiradas e fixadas embaixo de uma bota. De repente, passou um senhor com mais de 60 anos, voando em seu *rollerblader*. Passei em uma loja de esportes, comprei um e fui deslizar sobre rodas nas ruas do condomínio.

Daquele local só trago boas recordações. Até o fato de ter que tirar a neve ou o gelo do para-brisa do carro, nas manhãs frias, era motivo de alegria. Em especial, gostava quando a neve caía em abundância e tinha que removê-la, liberando o caminho até a rua. A única lembrança triste que levei daquele lugar foi a morte de um canário-do-reino. Alba me deu o pássaro de presente de aniversário. Ele foi acostumado, desde o primeiro dia, a viver solto dentro de casa. O canário recompensava nosso mimo com um belo canto. Ficamos tão íntimos, que ele cantava em nossos ombros. Um dia eu estava com uma forte infecção nas amídalas. Quando chegamos em casa, encontramos o canário afogado dentro do aquário.

Daquele lugar também levei a única lembrança de ser roubado na América do Norte. Era um lindo domingo ensolarado. Comprei uma bela picanha em um pequeno supermercado que vendia produtos latinos. Coloquei a churrasqueira na frente da townhouse. Sobre a grelha estava assando o grande pedaço de carne, que exalava por todo o condomínio. Quando a carne estava quase pronta para o consumo, fui à cozinha para pegar uma travessa de vidro. Voltei e a carne havia sumido. Saí correndo para ver se encontrava o ladrão. Vi apenas a marca da gordura deixada pela carne na calçada do outro lado da grade preta que separava o condomínio da rua.

Em Chicago, trabalhei com um dos melhores grupos em controle motor do mundo. O laboratório ficava no Rush Medical Center e era dirigido pelo professor Gerald

L. Gottlieb. Da equipe faziam parte Mark Latash, Alexander Aruin, Simon Gutman, Richard Penn, Daniel M. Corcos e Suzann Campbell, os dois últimos professores da University of Illinois at Chicago. Lá também fiz boas amizades e arrumei muitos colegas. Devemos todos a Gerald Gottlieb, uma mente brilhante e rara, que abriu o caminho para muitos na área de controle motor. Ter a oportunidade de trabalhar com esse grupo foi uma dádiva. Sou muito grato a eles pela oportunidade de aprender a fazer ciência de qualidade.

Com eles também aprendi a desenvolver um senso de tolerância e respeito pelas opiniões dos outros. Gerald Gottlieb, em particular, um pensador livre de preconceitos, amava exercitar o jogo do contraditório. Ele me ensinou a sempre me colocar na posição do interlocutor e procurar entender e apreciar o ponto de vista do outro. Mark Latash, por outro lado, sofria do mesmo mal que eu trazia do Brasil: o julgamento ideológico. Ele, um judeu russo, sofrera nas garras de ditadores como Stalin, na União Soviética, guardadas as devidas proporções, o que passamos nas mãos dos militares brasileiros. Nossos argumentos contra as ditaduras no Brasil e na União Soviética eram muito similares. Concluí que, em nome do socialismo, os dirigentes daquele país violentaram a liberdade de seu povo, da mesma forma como fizeram os militares no Brasil, em nome do capitalismo.

No entanto, o julgamento científico rigoroso era o que unia nosso grupo. Desenvolvi minhas pesquisas de doutorado com adolescentes portadores da Síndrome de Down. Demonstramos que, com treino, essas pessoas podem usar as mesmas estratégias de controle motor que a maioria dos seres utiliza para executar movimentos simples. No final da pesquisa, organizei uma festa de carnaval para todas as pessoas que participaram do estudo e seus familiares.

Em Chicago formamos uma grande família. A nossa residência ficava no meio do caminho entre o laboratório, onde fui trabalhar, e o laboratório onde Alba atuava. Ela desenvolveu suas pesquisas de doutorado na área da biologia molecular na University of Illinois at Chicago. Em várias ocasiões, nós nos socializávamos em jantares em nossas casas e em restaurantes da cidade, com os grupos dos dois laboratórios. Adorava cozinhar para os meus amigos, usando sempre muita cebola e alho, como aprendi com o cozinheiro no Glória.

Vanessa, minha sobrinha de 11 anos, foi morar conosco por um ano. Ela não tinha a menor noção do que era a língua inglesa e estudou lá em uma escola pública. Depois de três meses, já estava falando o inglês fluentemente. O nosso acordo era que ela poderia voltar para o Brasil a qualquer momento. Várias vezes vi aquela menina de cachos loiros chorando de saudade da mãe Lília, do pai Cecílio e do irmão Alexandre. Via aqueles pequenos olhos verdes dizendo que não podia fraquejar. Nos momentos mais difíceis, Vanessa lembrava as histórias do tio engraxate. Em algumas ocasiões cortava o coração ver aquela criança conversando com suas bonecas como se estivesse falando com sua família. Sabia que o meu exemplo de vida estava levando aquela menina a cruzar grandes barreiras para a sua idade. Depois de dez meses, fizemos uma grande surpresa para ela. Levantei cedo e fui ao aeroporto buscar sua mãe e seu irmão. Quando chegamos em casa, ela ainda estava dormindo. Não sei quem estava sofrendo mais, a mãe ou a filha.

Fomos almoçar em um elegante Shopping Center de Chicago. Lília não trazia notícias boas da situação financeira e da vida no Brasil. As pessoas que viviam abaixo da linha da miséria eram mais de 35% da população e a inflação ainda estava descontrolada. Alexandre descrevia seu encantamento com os novos modelos de carro que viu na América do Norte. Resolvi dizer que tinha fé no futuro do Brasil, quando meu sobrinho declarou, em tom de deboche. "Tio, você é bobo mesmo. Desde que nasci, faz nove anos, escuto falar que o Brasil é um país do futuro e aquilo continua a mesma coisa."

Concluí o PhD em 1993 e iniciei imediatamente um pós-doutorado com Mark, Daniel e Ziaul Hasan na University of Illinois at Chicago. Em dezembro de 1994 voltei para o Brasil. Retornar foi uma decisão tão difícil quanto a que tomei quando deixei o país. Durante os seis anos que vivi nos Estados Unidos, criei raízes, fiz amigos e tive boas ofertas para ter uma vida segura e próspera. Tinha excelentes propostas para continuar vivendo na América do Norte.

Quando recebi a bolsa de estudo da agência do governo brasileiro, assumi o compromisso de retornar e trabalhar na Universidade Estadual de Campinas por quatro anos. Esse compromisso seria o suficiente para me fazer voltar, uma vez que era chegada a hora de dar a minha contrapartida ao país que tanto me ajudou. Porém, eu teria regressado mesmo que não tivesse a obrigação legal e moral de fazê-lo. Eu queria ajudar o Brasil a ser realmente o país do futuro.

Meus amigos do laboratório me ajudaram a encher o caminhão da mudança. Na bagagem levava um container cheio das principais tecnologias domésticas e principalmente o conhecimento científico e as inúmeras amizades. Quando vi toda a casa vazia e as malas feitas, desabei a chorar de forma inconsolável. Não queria deixar o país que havia me adotado de braços abertos.

Em um dos aeroportos mais movimentados do mundo, despedi-me dos amigos. O mesmo voo da chegada agora era o da partida. Mas havia uma grande diferença entre aquele momento e quando cheguei naquele aeroporto pela primeira vez. No voo da chegada não havia ninguém para me receber ou consolar. Tudo no Aeroporto de O´Hare era grande, novo, moderno e assustador. Não entendia nenhum comando que era anunciado aos passageiros. Agora, na partida, tudo no aeroporto era familiar. Abracei cada amigo e choramos a amizade sincera e pura.

Vivendo em outro país, aprendi que nós humanos somos muito mais parecidos do que podemos imaginar. No Brasil, na América do Norte e em qualquer parte do mundo, vemos o alegre e o triste, o bravo e o calmo, o trabalhador e o folgado... Percebi que a tentativa de formar juízo de valor sobre uma sociedade ou um povo não passa de preconceito. Em todo lugar do mundo, as camuflagens que habitam a alma humana são as mesmas. Porém, a simplicidade, alegria e fé em uma vida melhor, que vi brotar no motorista do caminhão de tijolos que me deu carona, eram as características mais comuns que encontrei nos brasileiros e nos americanos. Fiquei feliz ao notar que aprendi a amar o povo americano, da mesma forma que amava o meu povo.

Na volta ao Brasil, revivi cada passo que dei desde que cheguei à América do Norte. Quando o voo pousou, no mesmo aeroporto da partida, lembrei-me do gesto de humildade do Papa João Paulo II, que beijava cada solo que visitava. Senti uma onda de certeza percorrendo todo o meu corpo, como quando entrei na loja para comprar a primeira lata de graxa. Em um gesto rápido ajoelhei e beijei o solo brasileiro.

Sabia que estava encontrando um país melhor do que o que deixara, mas ainda com muito a ser feito para que pudéssemos alcançar o padrão de civilidade que merecíamos. A experiência no exterior me ajudou a compreender que várias situações que julgávamos comuns e naturais no Brasil poderiam e deveriam ser mudadas. Lembrei-me das palavras de Jesus Cristo aos seus apóstolos, quando eles estavam apavorados: "Levantai-vos e não temais." Levantei e fui trabalhar para construir e deixar um legado.

OS DEZ SEGREDOS QUE O ENGRAXATE USOU PARA SE TRANSFORMAR EM PhD

1) Não deixe que o medo dos seus monstros paralise ou domine suas ações. Humanize-os e coloque-os sob seu controle e comando.

2) Não gaste o seu tempo tentando entender as camuflagens dos outros. Julgue as pessoas pelo que elas fazem e não pelo que aparentam.

3) Estabeleça objetivos e metas realistas que possam ser atingidas em curto prazo, mas planeje o futuro. Sonhe com uma vida melhor que espera por você lá na frente.

4) Faça de seu trabalho a sua oração e diversão. Dedique-se a ele com todas as suas forças e energias, para que possa ser o mais produtivo possível.

5) Nunca evite ou desdenhe qualquer forma de trabalho, por mais simples que ele seja. Não se conforme com a ideia de que você não tem competência para exercer um trabalho, por mais sofisticado que ele seja. Prepare-se para ele.

6) Não coloque a culpa em terceiros por dificuldades que você, sua família ou a sua sociedade estejam enfrentando. Exerça a cidadania na sua plenitude, evitando que tirem proveito de sua omissão ou covardia. Faça valer seus

direitos, usando o seu poder político ou recorrendo ao poder judiciário se for necessário para fazer justiça.

7) Agregue valores a tudo o que fizer. Lembre-se que o bom humor, a alegria e o amor são os melhores valores que você pode agregar ao que venha a fazer na vida.

8) Não busque ou aceite qualquer conquista que prejudique o outro.

9) Não desperdice, nem por um único minuto, o que você ganhou de graça quando chegou a esse mundo: desenvolva ao máximo sua capacidade de aprender.

10) Viva para deixar um legado para a sua família e sociedade. E não leve "não" para casa.

O VERDADEIRO AMOR

Esses dez segredos não fariam nenhum sentido se não fossem regidos para e pelo amor. Antes de me despedir do leitor, não poderia deixar de relatar fatos que revelam o sentimento que trago em minha alma.

No dia 26 de dezembro de 1995, um dia após o Natal, nasceu minha primeira filha, na cidade de Cornélio Procópio, no Estado do Paraná. Lá também nascera sua mãe Alba. Gabriela, que veio trazer um sentido especial à minha vida, já nasceu com o espírito de conciliação. Com ela descobri que bastava o amor para o modelo ideal de pai emergir. Tomamos banho juntos desde o seu segundo dia de vida, dialogamos, nos beijamos...

Eu e Alba nos separamos em 1999. A ausência do contato diário com Gabriela foi o preço mais alto que paguei na minha vida. Mas Alba e eu precisávamos cuidar de nossas vidas pessoais. Ela sempre foi uma mulher elegante, generosa, inteligente... uma dama. Alba me amava verdadeiramente e me deixou voar em busca de minha felicidade.

Deixei uma das melhores universidades do Brasil, um emprego estável, e fui atrás de meu espírito empreendedor. Casei-me com Nádia e mudamos para outra cidade. Por volta das 7 horas da manhã do dia 3 de junho de 2002, estava em São Paulo, quando o telefone tocou. Do outro lado da linha, meu amigo Adilson, um ginecologista, dava a notícia: por volta das 5 horas, Nádia começou a sentir fortes dores que irradiavam da coluna projetando para a barriga. Ela ligou para a médica, chamou o táxi e às 6h30 deu entrada na maternidade. Nádia recebeu uma injeção para dor, mas o aumento da pressão arterial provocava um forte desconforto na nuca, o qual foi seguido por um sangramento. Então, uma cesárea de emergência foi realizada e por volta das 8h15, minha segunda filha, Bárbara, chegava a esse mundo.

A previsão era que Bárbara nascesse em 15 dias. Porém, Nádia teve pré-eclampsia. O deslocamento da placenta pode levar a mãe à morte devido ao edema, à hemorragia cerebral e insuficiência renal e cardíaca. Com falta de oxigênio e nutrientes, o feto também pode morrer. Nádia agiu como uma verdadeira heroína. Sua iniciativa salvou a sua vida e a de Bárbara, que nasceu dois dias após o meu aniversário.

Bárbara trouxe mais alegria às nossas vidas. Quando a peguei no colo pela primeira vez, me senti como um soldado romano voltando do campo de combate, pegando nos braços a sua recém-nascida. Brincamos que Bárbara é a minha versão feminina. Alma angustiada como o pai, parece que veio com sede de mudança. Quando vi o encontro de Bárbara com Gabriela, sabia que ali estava nascendo uma amizade eterna.

Na madrugada do dia 25 de junho de 2004, meu irmão mais velho, Paulo, ligou para me dar a notícia que jamais desejei receber. Papai havia falecido abruptamente. Em 2000 foi detectada uma dilatação (aneurisma) de um importante vaso sanguíneo. A cirurgia não foi um sucesso e sabíamos que, se não fizesse outra, ele corria o risco de sofrer uma ruptura do vaso e ter morte súbita. Mas ele decidiu correr o risco e não quis fazer a segunda cirurgia, uma vez que, na primeira, já havia perdido um rim. No entanto, papai morreu aos 80 anos de idade de um infarto fulminante do coração. Um dia antes de sua morte, os exames detectaram um câncer de próstata disseminado pelos ossos, o qual ele nunca soube.

Encontrei o seu corpo no caixão, coberto de flores, e fiquei o tempo todo ao seu lado. Durante dez horas não parei de acariciar os seus cabelos brancos. Sempre tive vontade de pentear os seus cabelos com os meus dedos. Era a segunda vez que os tocava, mas não me lembrava que eles eram tão finos e macios. A chegada dos amigos e dos parentes não me arredava dali. Recordei tudo o que passamos juntos, cena por cena. O homem teimoso e bravo do Glória, que se transformou no boneco de suas netas, deixou muita saudade. Os motoristas do ponto de táxi próximo de sua casa vieram prestar-lhe a última homenagem. "Seu pai foi um homem muito alegre e já estamos com saudade", disseram com alma de sinceridade. Devo ao papai o espírito alegre e comunicativo.

Quando o caixão desceu na vala, comecei a bater palmas efusivamente, no que fui seguido por todos. Morria o homem que perdeu a mãe ainda menino, que teve vinte e nove irmãos, que empreendeu e venceu até os 45 anos, que caiu e nunca mais conseguiu se recuperar financeiramente, mas que nunca deixou de tentar. Ali descansaria o homem que foi empregado apenas por três meses. Repousaria na eternidade o cidadão que nunca se apropriou de um centavo que não fosse seu.

Desde que comprei o primeiro quilo de sal para casa, papai passou a me chamar de "Girzinho". Estava retornando ao pó o homem que amei e amo. Confesso que foi uma sensação muito reconfortante saber que fui um bom filho para ele. Seu legado foi o sorriso fácil que deixou e a frase que mais gostava de dizer: "Que falta de absurdo!" Ficou ali inerte o homem que não queria ter morrido. Ouvira-o dizer inúmeras vezes "se algum dia eu morrer saibam todos que fui com tristeza, pois amo a vida".

Na saída do cemitério, minha mãe me abraçou e perguntou: "Filho, como vamos fazer agora sem o seu pai?". Contei para ela o milagre da vida. "Mamãe, para chegarmos até aqui nadamos contra quase meio bilhão de espermatozóides, na luta desesperada para fecundar um óvulo". Expliquei para ela que era mais fácil ganhar na loteria sozinho do que ganhar aquela corrida. Olhei para o céu e, para consolá-la, disse que, mesmo assim a vida iria continuar. No ciclo da vida muitos "Joãos" ainda iriam nascer.

No dia 3 de março de 2009 fomos fazer o último ultrassom de Nádia, que estava grávida. Ela queria um parto normal, mas os exames mostraram uma diminuição abrupta de líquido amniótico e o cordão umbilical estava enrolado no pescoço do bebê. Para evitar qualquer sofrimento, fomos para a maternidade e às 19h13 daquele dia nasceu João Marcos. O nome foi uma escolha de Nádia, em homenagem ao avô paterno e ao materno. Lembrei-me do João que havia perdido há quatro anos e da conversa que tive com minha mãe na saída do cemitério. Aceitei de pronto a sugestão. João nasceu saudável, com cara do João que partiu.

De papai herdei um martelo e uma cadeira de descanso que ele mesmo fez. O amor que tenho por ele, um homem sem posses, certamente é a prova de que a transmissão da herança não deve ser a mola propulsora da família. Estou convencido que, a seu modo, o meu pai me amou incondicionalmente.

SOBRE O AUTOR

Gil Lúcio Almeida é o quinto dos seis filhos de João Galdino Sobrinho e de Judith Honorata dos Santos. Nasceu geminiano no dia 1º de junho. Viveu a primeira infância em São João Batista do Glória, às margens do Rio Grande, no Estado de Minas Gerais. Mudou-se com a família para Itaú de Minas, onde estudou e trabalhou como engraxate e mascate durante a segunda infância e parte da adolescência.

Ainda na adolescência foi morar com a família em São Carlos, no Estado de São Paulo, onde continuou trabalhando e estudando. Formou-se Técnico em Mecânica e graduou-se em Fisioterapia em 1984 pela Universidade Federal de São Carlos (UFSCar). Em 1985, foi trabalhar na Universidade de Campinas (Unicamp), concluindo o Mestrado pela UFSCar em 1988. Em 1993, foi diplomado PhD (doutorado) pela Iowa State University, com pesquisas realizadas na University of Illinois at Chicago. No ano seguinte, concluiu o Pós-doutorado no Rush Medical Center e na University of Illinois at Chicago. Nos Estados Unidos foi Embaixador da Boa Vontade pela Fundação do Rotary.

Em 1995, Gil retornou para a Unicamp, construindo uma rápida e brilhante carreira universitária: ministrou vários cursos nas áreas de neurofisiologia, controle motor e biomecânica; criou um dos principais laboratórios de estudo do movimento do país e formou 17 mestres e doutores. Em 2000, mudou-se para Ribeirão Preto para transformar o curso de Graduação e Pós-graduação Lato

Sensu em Fisioterapia da Universidade de Ribeirão Preto (Unaerp) em referência nacional. Hoje ele reside na cidade de São Paulo e está ligado às principais universidades do estado.

É autor de dezenas de artigos científicos publicados em revistas de grande impacto e de inúmeros outros analisando a situação educacional, econômica e política do Brasil. Gil Lúcio é revisor de várias revistas científicas nacionais e internacionais e das principais agências nacionais de fomento à pesquisa.

Foi eleito presidente do Conselho de Fisioterapia e Terapia Ocupacional do Estado de São Paulo (Crefito-SP) para a gestão 2004-2008 e reeleito para o quadriênio 2008-2012. No Crefito-SP, ele constrói, com a ajuda de seus pares, uma das histórias de maior sucesso na administração pública brasileira.

Empreendedor, cientista, professor, orientador, executivo, líder e orador talentoso.

Porto de Idéias EDITORA

www.portodeideias.com.br